Auténtico

3

AUTHENTIC RESOURCES WORKBOOK

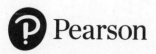

Pearson

Boston, Massachusetts • Chandler, Arizona • Glenview, Illinois • New York, New York

Pearson, 330 Hudson Street, New York, NY 10013.

ISBN-13: 978-0-328-92398-4
ISBN-10: 0-328-92398-2

2 17

CONTENTS

About the *Authentic Resources Workbook*   vi

Capítulo 1

Video reportaje de **El Universal TV**
La Huasteca Potosina, paradisíaca y aventurera   1

Video reportaje de **EFE**
El Poás, un volcán que maravilla a miles de turistas en Costa Rica   3

Video reportaje de **América Mía**
Isletas Granada   5

Capítulo 2

Video reportaje de **EFE**
El arte popular iberoamericano de la mano de sus maestros   7

Video reportaje de **EFE**
Ñandutí, el encaje artesanal que colorea Paraguay   9

Video reportaje de **UNESCO**
El flamenco   11

Capítulo 3

Texto de **EFE Salud**
La salud se entrena en familia   13

Video informativo de **NBC Learn**
¿Cuál es el problema con los azúcares agregados?   15

Video informativo de **NBC Learn**
Los tamaños de porción simplificados   17

Capítulo 4

Video interpretativo de **Agencia EFE**
¿Qué capacidad de resistencia psicológica tienes ante las dificultades?   19

Video persuasivo de **Selvv**

Relaciones humanas: obligar o influir 21

Video Blog de **30K Coaching**

¿Cuáles son las 6 emociones básicas? 23

Capítulo 5

Video informativo de **Contáctica**

Cómo buscar empleo 25

Video persuasivo de **GrupoEducare**

Educar para el trabajo vs Educar para la vida 27

Video perspectiva de **IDB**

¿Cómo cerrar la brecha de habilidades? 29

Capítulo 6

Video reportaje de **El Universal**

Santa Fe estrena plaza subterránea y sustentable 31

Audio entrevista de **IDB**

¿Cómo ACAMICA capacita a los millennials para los empleos del futuro? 33

Video entrevista de **Agencia EFE**

Así es viajar en un autobús sin conductor 35

Capítulo 7

Video informativo de **EFE**

La ruta BBVA visita la ciudad de Uxmal 37

Video informativo de **El Universal**

Al rescate de 'Cajhuachi', el Vaticano prehispánico 39

Video informativo de **Noticias Caracol**

Este hallazgo podría cambiar la historia de la cultura muisca en Colombia 41

Capítulo 8

Video reportaje del **llamada32**

Orígenes del pueblo gitano 43

Comentario radial de **OzonicoRadio**
Inmigrante: Vida e Integración   45

Artículo informativo de **BBC Mundo**
Ni hispano ni latino: Los inmigrantes prefieren identificarse por país de origen   47

Capítulo 9
Video reportaje de **BBC Mundo**
Alegres "melodías de la basura"   49

Video informativo de **UNESCO**
Aprende a proteger la biodiversidad   51

Entrevista radial de **Minutopedia**
Todo sobre la energía solar   53

Capítulo 10
Video informativo de **Kidon.co**
Los derechos de los niños   55

Video persuasivo de **OIT San José**
Promover la igualdad entre mujeres y hombres en el trabajo   57

Artículo de **Hacer familia**
Tratar con cariño y respeto a los mayores   59

Credits   61

About the *Authentic Resources Workbook*

The *Authentic Resources Workbook* introduces you to Spanish resources that were created by native speakers for native speakers. You will learn to decode the spoken and written language in situations where the vocabulary and grammar are not controlled as they are in the classroom. You will also develop an insight into the varied cultures of Spanish speakers through materials created for their use. Frequent exposure to authentic materials, supported by level-appropriate tasks, will help you develop the skills you will need to function successfully when surrounded by or immersed in the Spanish language.

Focus on Interpretive Communication
You will develop your interpretive reading and listening skills while working with culturally authentic video, audio, and reading selections.

Curated Content
Every chapter of *Auténtico* introduces you to carefully selected authentic materials that are thematically related to the chapter content. The familiar themes will help you connect with the material.

Tailored Tasks
Two pages of level-appropriate activities for each resource provide the support you will need to successfully access Spanish content that was created for native speakers.

- Previewing activities activate background knowledge and help you connect the new content to your prior knowledge.

- *Vocabulario clave* pre-teaches vocabulary that is key to understanding the authentic content.

- Viewing, listening, and reading strategies give you the confidence to access content that is spoken at native speed or written for native speakers and has unfamiliar vocabulary.

- Level-appropriate viewing, listening, and reading activities focus your attention on the relevant information in the resource.

- Comprehension activities check understanding at a level that is appropriate based on the task that was given to you by your teacher.

- Culture questions encourage you to consider the cultural products and practices you encountered and reflect on the relationship to the cultural perspectives.

Video reportaje de **El Universal TV**

La Huasteca Potosina, paradisíaca y aventurera

Conoce un lugar en el que puedes estar en contacto con la naturaleza mientras practicas tus deportes de aventura favoritos.

> **Para ver el video, ve a:**
> > *Auténtico* digital course
> > Authentic Resources folder
> > Capítulo 1

TEMA: *Viajes y paseos*

AP THEME: *La vida contemporánea: Los viajes y el ocio*

¿Cómo puedes relacionarte con la naturaleza a través del deporte de aventura?

▶ Antes de ver el video

Activar experiencias previas Al oír el término *Deporte de aventura*, ¿recuerdas alguna experiencia o algo que hayas oído? ¿En qué piensas al oír este término? Escribe tres cosas con las que relacionas este término.

Cuando leo Deporte de aventura*, pienso en...*

1. _____

2. _____

Vocabulario clave

lugar de destino	travel destination	**vacío**	*(air)* space
poza	*(river)* pool	**poblado**	village
cascada	cascade, waterfall	**cañón**	canyon
chapuzón	quick dip	**refrescarte**	freshen up
torrente	torrent	**manantial**	natural spring
molienda	mill		

Estrategia para ver: Anotar ideas importantes Al ver un video por primera vez, es muy útil identificar las ideas importantes—o principales—y los detalles de apoyo. Esto te ayudará a entender de qué trata el video y así determinar su propósito.

◀ El deporte de aventura te pone en contacto con la naturaleza.

▶ Mientras ves el video

Anotar ideas importantes Mientras ves el video, piensa en la información más importante y anota las palabras clave que escuchas. ¿Qué palabras te ayudan a entender el propósito del video?

Palabras clave:

_____

_____

▶ Después de ver el video

Vuelve a ver el video y completa estas actividades.

I. Interpretive: Identificar ideas clave Completa el párrafo con las palabras que expresen mejor lo que dice el video.

En la Huasteca Potosina, México, se practican diferentes deportes, como el _____ *(rapel/senderismo/tenis)*. En la Poza Azul, de 40 metros de profundidad, puedes _____ *(caminar/pescar/nadar)*, además de admirar los helechos, ceibas y una cascada de 25 metros de alto. También encontrarás animales que _____ *(comen/duermen/nadan)* en estas pozas para refrescarse. Este lugar es increíble si te gustan la aventura y el contacto con *(la naturaleza/la cascada/los clavados)*. ¡Te lo recomiendo!

II. Presentational: Definir De acuerdo al video, en la Huasteca Potosina puedes conectarte con la naturaleza a través de los paisajes y sus distintas características al practicar diversos deportes de aventura. Vuelve a mirar el video y escribe una oración que defina el deporte de aventura. Da algunos ejemplos de deporte de aventura del video.

El deporte de aventura es _____

Algunos deportes de aventura son: _____

_____

III. Interpersonal: Comentar En grupo, comenten qué actividad les gustaría hacer si fueran a la Huasteca Potosina. ¿Preferirían hacer algo arriesgado *(risky)*, como escalar la cascada o bucear? ¿O preferirían una actividad más relajada, como sentarse a observar la naturaleza? Comenten qué relación puede haber entre el tipo de actividades que escogerían y su propia personalidad o temperamento.

Video reportaje de **EFE**

El Poás, un volcán que maravilla a miles de turistas en Costa Rica

Conoce un lugar que atrae a muchos turistas por sus extraordinarias características y por ofrecer una experiencia única.

Para ver el video, ve a:
> *Auténtico* digital course
> Authentic Resources folder
> Capítulo 1

TEMA: *Viajes y paseos*
AP THEME: *La vida contemporánea: Los viajes y el ocio*

¿Qué ventajas y desventajas puede tener el ecoturismo?

▶ Antes de ver el video

Visualizar Al pensar en un volcán, ¿qué visualizas? Escribe tres cosas que visualizas, o "ves en tu mente" cuando piensas en un volcán.

Al pensar en un volcán, visualizo...

1. _____

2. _____

3. _____

Vocabulario clave

majestuoso	majestic	**lluvia ácida**	acid rain
cordillera	mountain range	**expulsa**	expels
profundidad	depth	**fumarola**	vapor plumes
laguna	lagoon	**expulsiones freáticas**	volcanic water spouts
color celeste	light blue color	**bosque nuboso**	cloud forest
azufre	sulfur		

Estrategia para ver: Resumir Al ver un video sobre un lugar, es muy útil resumir, o sea contar en pocas frases, lo que has aprendido sobre ese lugar. Esto te ayudará a saber si has comprendido bien la idea principal y los detalles más importantes del video.

◀ Los volcanes atraen a los turistas por su belleza y características especiales.

▶ Mientras ves el video

Resumir Mientras ves el video, contesta las preguntas que aparecen en la tabla. Después, usa esa información para hacer un resumen del video.

a. ¿De qué trata este video?	
b. ¿Cómo se llama el volcán y en qué país está?	
c. ¿Qué características tiene el volcán?	
d. ¿Qué otro sitio visitan los turistas cerca del volcán?	
Resumen del video: _____ _____ _____	

▶ Después de ver el video

Vuelve a ver el video y completa estas actividades.

I. Interpretive: Identificar ideas clave Completa la frase con las palabras que expresen mejor lo que dice el video.

1. El volcán Poás está situado en _____.

    a. un valle **b.** una cordillera **c.** un desierto

2. El volcán Poás tiene uno de los cráteres _____ del mundo.

    a. más grandes **b.** menos profundos **c.** más extraños

3. Aunque no expulsa (*expel*) lava, el Poás se considera un volcán activo porque _____

    a. expulsa gases **b.** expulsará lava muy pronto **c.** es muy peligroso

4. Los turistas que van a ver el volcán también pueden _____ cerca del volcán.

    a. nadar en un río **b.** hacer cámping **c.** pasear por un bosque

II. Presentational: Describir Según el video, los árboles y las plantas cercanas al volcán tienen características especiales debido a los gases que produce el volcán. Vuelve a ver el final del video y describe cómo son los árboles.

Los árboles son...

_____

_____

III. Interpersonal: Opinar El Volcán Poás es uno de los muchos sitios de ecoturismo de Costa Rica, es decir un tipo de turismo en el que el turista visita lugares de la naturaleza preservados y protegidos. En grupo, hablen de los pros y los contras del ecoturismo. ¿Creen que el ecoturismo es positivo o negativo para el medio ambiente y por qué? Den razones específicas para justificar su opinión.

Authentic Resources Workbook

Video reportaje de **América Mía**

Isletas Granada

Conoce un lugar de Centroamérica que atrae a miles de turistas por sus características naturales.

> **Para ver el video, ve a:**
> > *Auténtico* digital course
> > Authentic Resources folder
> > Capítulo 1

TEMA: *Viajes y paseos*
AP THEME: *La vida contemporánea: Los viajes y el ocio*

¿Qué atractivo turístico tienen los lugares que están cerca del agua?

▶ Antes de ver el video

Hacer predicciones Mira la foto del video y lee el título. ¿Qué tipo de información crees que te dará este video?

Creo que este video me dará información sobre...

1. _____

2. _____

Vocabulario clave

isletas	small islands	**tiburones**	sharks
a nivel mundial	world wide	**entró en erupción**	erupted
los paseos en lancha	boat rides	**el hogar**	home
codiciados	prized	**las aves**	birds
los bautizaron	named it	**pobladas**	inhabited
el siglo XVI	16th century	**adineradas**	wealthy
Mar Dulce	Fresh Water Sea	**las casitas de los pescadores**	fishermen's cottages

▶ Mientras ves el video

Estrategia para ver: Usar las imágenes Las imágenes de un video te pueden dar importantes claves visuales para comprender mejor palabras y conceptos que no conoces. En este video, las imágenes te ayudarán a entender lo que dice la reportera sobre el lugar que está presentando.

◀ Las Isletas Granadas son un gran atractivo turístico.

Usar las imágenes Mientras ves el video, identifica las imágenes que apoyan las siguientes ideas importantes sobre las Isletas Granada.

Idea	Imagen que apoya esa idea
Las Isletas Granada son un gran atractivo turístico.	
La mayoría de las isletas están cubiertas de vegetación.	
En algunas isletas hay viviendas y casas vacacionales.	

▶ Después de ver el video

Vuelve a ver el video y completa estas actividades.

I. Interpretive: Ideas clave Completa cada frase con las palabras que reflejen mejor lo que dice el video.

1. Las Isletas Granada están localizadas en el lago _____.

   a. Honduras   **b.** Nicaragua   **c.** Guatemala

2. El lago donde están las Isletas Granada es el _____ de Centroamérica.

   a. más grande   **b.** más profundo   **c.** más bonito

3. Este lago es famoso por tener _____.

   a. tiburones de agua dulce   **b.** muchos visitantes   **c.** muchos pescadores

4. Las isletas Granada se formaron por _____.

   a. unos relámpagos   **b.** la erosión de una montaña   **c.** la erupción de un volcán

II. Interpretive: Inferir En el video, la reportera dice que los españoles bautizaron al lago cerca de Granada como "Mar Dulce". Selecciona las razones por las que le pusieron ese nombre.

   a. El lago tiene el color del mar.

   b. El lago es inmenso.

   c. El lago tiene agua salada.

   d. El lago tiene agua muy dulce.

III. Interpersonal: Opinar En grupo, comenten por qué a los turistas les gustan lugares que están cerca de agua, como el mar, un lago o un río. ¿Qué actividades particulares se pueden hacer en este tipo de lugares?

Video reportaje de **EFE**

El arte popular iberoamericano de la mano de sus maestros

Visita una exhibición de obras de arte de España, Portugal y América Latina. Descubre los materiales, técnicas y estilos característicos de cada país.

Para ver el video, ve a:
> *Auténtico* digital course
> Authentic Resources folder
> Capítulo 2

TEMA:　　*Formas de arte*

AP THEME: *La belleza y la estética: Las artes visuales y escénicas*

¿Qué aspectos de la cultura de un país refleja una obra de arte popular?

▶ Antes de ver el video

Inferir Cuando escuchas el término **arte popular**, ¿qué infieres? ¿Qué tipo de arte crees que es? Piénsalo bien y luego escribe dos ejemplos de obras de arte que se podrían considerar arte popular.

1. _____

2. _____

Vocabulario clave

mil seiscientas piezas	1,600 pieces	**crin de caballo**	horsehair
madera	wood	**autóctona**	indigenous
piel	skin	**bruñido**	burnished
uso cotidiano	everyday use	**ahumado**	smoked
calaveras	skulls	**grandes maestros**	great masters
canastas tejidas	reed baskets		

Estrategia para ver: Usar las imágenes En el video que verás, las imágenes te darán excelentes claves visuales para entender mejor las descripciones de la reportera. Por ejemplo, mira la imagen del video que aparece en esta página y piensa en todo lo que transmite. ¡Una imagen vale más que mil palabras! (*A picture is worth a thousand words!*)

◀ Estas figuras artísticas reflejan aspectos importantes de una cultura.

▶ Mientras ves el video

Usar las imágenes Observa con atención las imágenes que aparecen en el video. Trata de identificar qué tipo de arte es, de qué está hecha, qué representa y cualquier otro detalle que te ayude a comprender mejor lo que dice la reportera. Anota en la siguiente tabla tres obras de arte que ves en el video y una descripción corta de cómo es cada una.

Descripción de tres obras de arte

▶ Después de ver el video

Vuelve a ver el video y completa estas actividades.

I. Interpretive: Identificar ideas clave Elige la respuesta correcta a cada pregunta.

1. ¿Qué país o continente no está representado en esta exhibición de arte?

    a. Europa **b.** América Latina **c.** Estados Unidos

2. ¿Qué tipo de arte se muestra en la exhibición?

    a. arte popular **b.** arte abstracto **c.** arte moderno

3. ¿Cuáles son algunas de las obras exhibidas?

    a. cerámicas y canastas **b.** naturalezas muertas y autorretratos **c.** murales y esculturas

4. ¿Por qué la sección de textiles llama tanto la atención del público?

    a. por su gran tamaño **b.** por sus lindos diseños **c.** por su colorido y variedad

II. Presentational: Identificar prácticas culturales Escoge una obra de arte de la exhibición. Obsérvala con atención y trata de identificar qué prácticas culturales representa. ¿Muestra alguna costumbre o actividad específica? ¿Qué características de la cultura del país descubres al mirarla? Escribe un párrafo corto sobre tus impresiones.

_____

_____

III. Presentational: Inferir El video dice que algunas de las obras de arte son de "uso ceremonial", otras de "uso cotidiano" y otras de "uso ornamental". Pensando en este concepto, vuelve a ver las imágenes del video y luego escribe en tus propias palabras qué quiso decir la reportera con esto.

_____

_____

Video reportaje de **EFE** ▶

Ñandutí, el encaje artesanal que colorea Paraguay

Conoce el ñandutí, un arte tradicional de Paraguay en el que se tejen (*weave*) figuras de múltiples colores. Descubre un poco sobre la historia de este arte y conoce a una de las artistas que lo practica.

Para ver el video, ve a:
> *Auténtico* digital course
> Authentic Resources folder
> Capítulo 2

TEMA: *Formas de arte*
AP THEME: *La belleza y la estética: Las artes visuales y escénicas*

¿Qué relación puede haber entre el arte y la historia de un país?

▶ Antes de ver el video

Activar experiencias previas ¿Has ido alguna vez a una feria, a una tienda o a una exhibición donde un(a) artesano(a) exhibía y vendía sus artesanías (*handicrafts*)?¿Qué tipo de objetos viste? Basándote en esas experiencias, define qué son *artesanías*.

Las artesanías son...

Vocabulario clave

rosetones	rosettes	**conquistadores**	conquerors
encaje	lace	**la cuna**	cradle
filigrana	filigree	**bastidor**	frame
tela de araña (telaraña)	spider web	**rentable**	profitable
hilo	thread/yarn	**en peligro de extinción**	at risk of extinción

Estrategia para ver: Hacer y contestar preguntas Una buena estrategia para comprender partes o comentarios de un video que pueden ser confusas, es hacer preguntas y luego buscar la respuesta usando las claves del contexto. Al hacer una pregunta, estableces lo que te parece confuso; al contestar la pregunta, aclaras o comprendes mejor la información confusa.

◀ Esta tejedora (*weaver*) es experta en el arte del ñandutí.

▶ Mientras ves el video

Hacer y contestar preguntas Al ver el video, haz pausas para comprobar que has entendido los detalles más importantes del video. Usa la tabla para anotar preguntas sobre detalles del video que necesites aclarar. Contesta la primera pregunta de la tabla. Luego escribe tus propias preguntas y trata de responderlas.

Pregunta importante	Respuesta
¿De qué trata el video?	

▶ Después de ver el video

Vuelve a ver el video y completa estas actividades.

I. Interpretive: Identificar ideas clave Completa cada oración con las palabras que expresen mejor lo que dice el video.

1. El ñandutí es un tipo de _____ que se hace en Paraguay.

    a. escultura   **b.** arte clásico   **c.** artesanía

2. Los encajes de ñandutí ahora tienen muchos colores pero antes se hacían con _____.

    a. hilos blancos   **b.** colores oscuros   **c.** pinturas negras

3. La palabra ñandutí es una palabra indígena que significa _____.

    a. tela de araña   **b.** flor blanca   **c.** frutas de colores

4. El arte del ñandutí que se hace en Paraguay es producto de _____.

    a. la unión de dos culturas   **b.** la inspiración de muralistas   **c.** los sentimientos de un pueblo

II. Presentational: Establecer conexiones El ñandutí, como muchas otras expresiones artísticas, tiene un origen histórico. Vuelve a ver el video y explica en tus propias palabras qué conexión hay entre la historia de Paraguay y el arte del ñandutí.

_____

_____

_____

III. Interpersonal: Comentar La artista de ñandutí que habla en el video dice que quiere que los jóvenes de Paraguay continúen con esta tradición. En grupo, comenten si les parece importante que las tradiciones artísticas de un país se preserven y por qué. Cada miembro del grupo debe justificar sus comentarios con ejemplos concretos.

Video reportaje de **Unesco**

El flamenco

Aprecia los movimientos y ritmos musicales de una expresión artística que hace parte de la identidad cultural de España.

> **Para ver el video, ve a:**
> > *Auténtico* digital course
> > Authentic Resources folder
> > Capítulo 2

TEMA: *Formas de arte*
AP THEME: *La belleza y la estética: Las artes visuales y escénicas*

¿Qué tipo de sentimientos y experiencias puede transmitir un pueblo a través de la danza?

▶ **Antes de ver el video**

Usar conocimientos previos Piensa en un baile tradicional que conozcas, ya sea de tu propio país o de otra cultura. ¿Cómo es? ¿Se baila en parejas o individualmente? ¿Qué tipo de trajes, zapatos y adornos usan los bailarines? Escribe todo lo que sepas sobre ese baile.

Conozco el baile tradicional de _____. Este es un tipo de baile en el que…

_____

_____

Vocabulario clave

acompañamiento	accompaniment	**ingravidez**	weightlessness
recursos	resources	**percute**	to tap
sala de conciertos	concert hall	**acariciar el cielo**	to caress the sky
electrizante	electrifying	**incansable**	tireless
inconfundible	distinctive	**búsqueda**	search
profunda	deep	**metáfora**	metaphor

▶ **Mientras ves el video**

> **Estrategia para ver: Interpretar el lenguaje figurado** Hay videos en los que los narradores usan un lenguaje poético y figurado. La mejor estrategia al ver este tipo de videos es tratar de interpretar el significado de ciertas frases y expresiones usando las claves del contexto (*context clues*), las imágenes y tus propios conocimientos previos.

◀ El movimiento de las manos es fundamental en el baile flamenco.

Capítulo 2   Nombre _____   Fecha _____

Interpretar el lenguaje figurado Al ver el video por primera vez, trata de asimilar la idea general. Al verlo por segunda vez, concéntrate en interpretar ciertos comentarios que te permitirán entender los principales detalles del video. En el siguiente organizador gráfico, encierra en un círculo (*circle*) la frase que interprete mejor el significado de cada comentario.

Interpreta el significado de....
1. La guitarra flamenca, hermana de la guitarra clásica, tiene personalidad propia.

a. Los artistas que tocan la guitarra flamenca se basan en la guitarra clásica, pero tienen su propio estilo.	**b.** Los artistas que tocan la guitarra flamenca tienen un estilo totalmente opuesto al de la guitarra clásica.

2. La guitarra flamenca es protagonista habitual de importantes salas de concierto del mundo.

a. Los guitarristas de flamenco solo son vistos en su propio país.	**b.** Los guitarristas de flamenco son vistos en todo el mundo.

3. Los bailarines de flamenco deben subir los brazos ingrávidos para acariciar el cielo.

a. Los bailarines de flamenco mantienen los brazos abajo como si les pesaran mucho.	**b.** Los bailarines de flamenco mueven los brazos y los elevan como si no les pesaran.

▶ Después de ver el video

Vuelve a ver el video y completa estas actividades.

I. Interpretive: Identificar ideas clave Lee cada frase y escribe *C* si es cierta o *F* si es falsa según lo que dice el video. Corrige las frases que son falsas.

1. Al comienzo, la guitarra flamenca solo se usaba para acompañar el canto. _____

2. Ha habido muy pocos guitarristas de flamenco famosos. _____

3. El flamenco tiene un estilo que no es original ni distintivo. _____

4. En la danza flamenca, los bailarines deben estar con los pies en el suelo. _____

II. Interpretive: Describir Recuerda cómo se movían los bailarines de flamenco en el video. ¿Cómo describía la narradora esos movimientos? En tus propias palabras, describe cómo mueven las manos y los pies los bailarines de flamenco.

Al bailar flamenco los bailarines...

_____

_____

III. Interpersonal: Usar el pensamiento crítico Analiza esta metáfora: ***Esta incansable búsqueda de la libertad y la belleza entre el cielo y el suelo, podría ser la mejor metáfora del flamenco.*** ¿Qué crees que significa?

Authentic Resources Workbook

Texto de **EFE Salud** 📖

La salud se entrena en familia

Aprende algunos mitos sobre la alimentación y nutrición y cómo interpretarlos.

Para leer el texto, ve a:
> *Auténtico* digital course
> Authentic Resources folder
> Capítulo 3

TEMA: *La salud en la familia*

AP THEME: *La ciencia y la tecnología: El cuidado de la salud y la medicina*

¿Cómo la tecnología puede ayudar a una familia a seguir un estilo de vida saludable?

▶ Antes de leer el artículo

Hacer conexiones personales Antes de leer un artículo es muy útil imaginar algún tipo de conexión entre lo que vas a leer y tu vida personal. Eso te ayudará a interpretar mejor el texto y a relacionarlo con algo que conozcas bien. Mira el título y relaciónalo con las experiencias que tienes con tu familia. **¿Tienes una familia activa? ¿Hacen actividades todos juntos? ¿Cuáles?**

Con mi familia siempre...

_____

Vocabulario clave

hábitos de vida	lifestyle habits	**equilibrio**	balance
fomentar	encourage	**reine**	rule
resaltan	emphasize	**involucrar**	involve
reforzar	reinforce	**trastorno**	disorder
pilar	foundation	**masticar**	chew
planifican	plan		

▶ Mientras lees el texto

Estrategia para leer: Identificar la estructura del texto Cuando lees un artículo por primera vez, es muy útil prestar atención a la manera en que se presenta el texto. Mira si hay una introducción, títulos, subtítulo e imágenes. Además, presta atención a los detalles tipográficos, como el tamaño y el tipo de letra. Fíjate si hay palabras en negrita (*bold*). Todas estas cosas te ayudarán a determinar la importancia de ciertas ideas en el artículo.

Identificar la estructura del texto Mientras lees el texto, detente en las frases en negrita, en los títulos y subtítulos. Selecciona tres palabras o frases clave para cada una de las secciones de la columna de la izquierda de la tabla que indiquen el tema de ese párrafo, y escríbelas en la columna de la derecha.

Fíjate en el primer ejemplo.

Tema del artículo	Palabras claves
La salud se entrena en familia	alimentación, actividad física, hábitos
Un plan personalizado	
La alimentación, un pilar clave	
Hábitos que marcan la diferencia	

▶ Después de leer el texto

Vuelve a leer el texto y completa estas actividades.

I. Interpretive: Identificar Ideas clave Completa las siguientes frases con la palabra o palabras que mejor refleje(n) lo que dice el artículo.

1. Este programa busca que la familia tome conciencia sobre la importancia de la _____ y la nutrición.

2. Tanto la alimentación como _____ son claves para una buena salud.

3. Los planes son _____ para cada miembro de la familia.

4. Los resultados del test indican qué _____ son los que hay que mejorar.

5. El _____ nos permite saber la cantidad de cada grupo de alimentos que debemos comer durante el día.

6. La _____ es un elemento esencial para la salud.

II. Presentational: Identificar ideas importantes Al leer este artículo, pudiste ver que está dividido en secciones. Eso ayuda a mantener la atención del lector. Cada una de esas secciones habla de algo a tener en cuenta. Lee una vez más el texto e identifica las ideas importantes en cada una de las secciones. Completa cada una de las siguientes oraciones con las ideas y los detalles más importantes de acuerdo a lo que leíste. Después, haz un resumen con la información.

1. Es importante tener un plan personalizado…

_____

2. Podemos decir que la alimentación es un pilar clave…

_____

3. La actividad física…

_____

4. Los hábitos…

_____

5. Resumen:

_____

III. Interpersonal: Comentar Luego de leer el texto, hablen en grupo sobre cómo la tecnología puede ayudar a mejorar el estilo de vida de una familia. Comenten, por ejemplo, el uso de la pulsera biométrica que indica la cantidad de actividad física que uno hace durante el día; o los planes de comidas en línea que pueden ayudar a una familia a comer más sano.

Video informativo de **NBC Learn**

¿Cuál es el problema con los azúcares agregados?

Aprende qué problemas puedes tener si consumes en exceso alimentos con mucha azúcar.

> **Para ver el video, ve a:**
> > *Auténtico* digital course
> > Authentic Resources folder
> > Capítulo 3

TEMA: *Nutrición y salud*
AP THEME: *La ciencia y la tecnología: El cuidado de la salud y la medicina*

¿Qué relación hay entre ciertos ingredientes y algunos problemas de salud comunes?

▶ Antes de ver el video

Usar conocimientos previos Piensa en todo lo que sabes sobre el valor nutritivo de los alimentos. Subraya (*underline*) los alimentos y las bebidas que crees que contienen mucha azúcar. Después, completa la oración.

carne	pasteles	jugo	huevos	leche	lechuga	galletas	papas	refrescos

Otro alimento o bebida que contiene mucha azúcar es _____.

Vocabulario clave

azúcares agregados	added sugar	**de prisa**	in a hurry
amante del azúcar	sugar lover	**agua con sabor**	flavored water
las rosquillas	doughnuts	**riesgo**	risk
sano	healthy	**crecer**	to grow
goloso	to have a sweet tooth		

▶ Mientras ves el video

**Estrategia para ver:
Identificar los cognados**
Hay muchas palabras en inglés y español que significan lo mismo y suenan muy similar. Este tipo de palabras se llaman *cognados.* Por ejemplo, **problema** en español significa lo mismo que ***problem*** en inglés. Identificar los cognados no solo te ayuda a entender un video, sino que te permitirá comprender mejor una conversación en español.

▲ Hay opciones más saludables.

Nombre _____   Fecha _____

Identificar los cognados Mientras ves el video, trata de identificar cognados que te ayuden a entender lo que dice la narradora y los que aparecen en el texto escrito. En la siguiente tabla, anota los cognados y su respectivo equivalente en inglés.

Palabra en español	Palabra en inglés

▶ Después de ver el video

Vuelve a ver el video y completa estas actividades.

I. Interpretive: Identificar ideas clave Escoge las palabras apropiadas para completar cada frase según la información del video.

procesados   paquetes de energía   diabetes   agua con sabor   calorías

1. Consumir mucha azúcar puede causar un tipo de _____.

2. Los azúcares agregados se encuentran en muchos alimentos _____.

3. Los alimentos con azúcares agregados tienen muchas _____.

4. En vez de comprar alimentos con azúcar podemos hacer _____ en casa.

5. Una buena opción para evitar bebidas con azúcar es tomar _____.

II. Interpretive: Parafrasear El título del video es una pregunta: *¿Qué problema hay con los azúcares agregados?* En tus propias palabras, contesta la pregunta según lo que aprendiste del video.

_____

_____

III. Presentational: Evaluar Basándote en lo que aprendiste en el video, evalúa tu dieta diaria y piensa en qué alimentos de los que comes con frecuencia contienen mucha azúcar. ¿Con qué alimentos nutritivos podrías reemplazarlos?

Creo que podría reemplazar _____ *por alimentos como* _____

Authentic Resources Workbook

Video informativo de **NBC Learn**

Los tamaños de porción simplificados

Aprende a qué equivale una porción de algunos de los alimentos que comes y qué alimentos son los más recomendados para una buena nutrición.

> **Para ver el video, ve a:**
> > *Auténtico* digital course
> > Authentic Resources folder
> > Capítulo 3

TEMA: *Nutrición y salud*

AP THEME: *La ciencia y la tecnología: El cuidado de la salud y la medicina*

¿Qué relación hay entre los tamaños de las porciones y la buena salud?

▶ Antes de ver el video

Hacer conexiones Lee el título del video y trata de pensar en las porciones de comida que comes. ¿Cómo te sientes cuando comes en exceso? Infiere si comer en exceso es o no es saludable y por qué. Luego, completa el siguiente párrafo:

Creo que comer en exceso _____ (es/no es) saludable porque _____

Vocabulario clave

las porciones	servings
una baraja de cartas	a deck of cards
el puño de una mujer	woman's fist
una dieta equilibrada	a balanced diet
una onza	an ounce

▶ Mientras ves el video

Estrategia para ver: Usar las imágenes Hay videos informativos que muestran una imagen por cada tipo de idea o concepto que se presenta. Al ver esta clase de videos la estrategia más adecuada es usar las imágenes como clave *(key)* para entender mejor la idea principal y los detalles importantes. Al usar las imágenes, debes tratar de relacionar cada imagen con lo que dice la persona que habla.

◄ Una buena nutrición debe incluir alimentos de varios tipos en las porciones indicadas.

Usar las imágenes Mientras ves el video, pon mucha atención a las imágenes y a lo que dice la narradora. Establece conexiones entre cada imagen y cada concepto. Usa la siguiente tabla para hacer tus anotaciones. Fíjate en el primer ejemplo de la tabla como guía.

Imagen	Qué representa
pelota de béisbol, pelota de golf, baraja de cartas y puño de mujer	porciones de distintos alimentos
plato dividido en secciones	
tazas para medir y balanza	
reloj de arena *(hourglass)*	

▶ Después de ver el video

Vuelve a ver el video y completa estas actividades.

I. Interpretive: Ideas clave Escoge la respuesta correcta a las siguientes preguntas.

1. ¿Qué es lo más importante que muestra este video? *Una manera fácil de saber...*

    a. cuánto debes comer   **b.** qué debes comer   **c.** qué no debes comer

2. Según la USDA, ¿qué tipos de alimentos deben llenar la mitad de tu plato de comida?

    a. arroz, papas o pan   **b.** frutas y verduras   **c.** pollo, carne o pescado

3. ¿A qué equivale una onza?

    a. a un plato grande de cereal   **b.** a una taza de cereal   **c.** a una cucharada de cereal

4. ¿A qué equivale una porción de carne? *Al tamaño de...*

    a. una pelota pequeña   **b.** un plato pequeño   **c.** una baraja de cartas

II. Presentational: Sacar conclusiones Basándote en lo que viste y oíste en el video, escribe un párrafo explicando qué relación hay entre las porciones de alimentos y una buena salud. Incluye detalles concretos del video así como tus conocimientos previos sobre este tema.

_____

_____

_____

III. Presentational: Comparar Piensa en las cantidades y los tipos de alimentos que comes al almuerzo normalmente. Compara lo que comes con las recomendaciones que da el video. ¿Qué cambios deberías hacer para ajustarte más a esas recomendaciones? Escribe un párrafo a partir de la siguiente frase: *Creo que debo hacer los siguientes cambios en mi dieta para seguir las recomendaciones sobre nutrición:*

_____

_____

Video informativo de **Agencia EFE**

¿Qué capacidad de resistencia psicológica tienes ante las dificultades?

Escucha lo que dice una psicóloga sobre las reacciones de la gente que pasa por situaciones difíciles.

Para ver el video, ve a:
> *Auténtico* digital course
> Authentic Resources folder
> Capítulo 4

TEMA: *Relaciones, conflictos y emociones*
AP THEME: *La vida contemporánea: Las relaciones personales*

¿Qué relación hay entre el temperamento de una persona y su forma de ver los problemas?

▶ Antes de ver el video

Anticipar Lee el título del video. ¿Cuál crees que serán el propósito y el tema del video? Escoge entre estas opciones y completa la oración.

Posible propósito del video	Posible tema del video
informar entretener persuadir	economía conducta humana tecnología

Creo que el propósito de este video es_____ y el tema es _____.

Vocabulario clave

psicológica	psychological	**sobrevivir**	survive
he advertido	I have noticed	**preso**	prisoner
distintas	different	**los seres humanos**	human beings
pobreza	poverty	**resistencia**	strength
falta de recursos	lack of resources, poverty	**capacidad**	capacity, capability
convivían	were living side by side	**elegir**	to choose
ira	ire, anger	**pensamientos**	thoughts
enfrentar	to face, to cope with		

▶ Mientras ves el video

Estrategia para ver: Parafrasear Una estrategia muy útil al ver ciertos videos es parafrasear ideas importantes, o sea, repetir lo que la persona ha dicho pero con tus propias palabras. De este modo sabrás si has entendido lo que escuchaste. Al usar esta estrategia, lo primero que hay que hacer es escoger las palabras claves *(key words)* que te servirán para parafrasear ese segmento.

◀ La psicóloga Miriam Larrazaba expresa sus conceptos sobre la resistencia psicológica.

Parafrasear Lee cada afirmación de la psicóloga. Subraya *(undeline)* las palabras claves que te ayudarán a parafrasear cada afirmación.

Afirmaciones de la psicóloga

1. "He advertido dos reacciones completamente distintas ante una misma circunstancia de … pobreza".

2. "La resiliencia … es una capacidad natural y universal de todos los seres humanos".

3. "El ser humano tiene la enorme capacidad de poder elegir sus decisiones".

▶ Después de ver el video

Vuelve a ver el video y completa estas actividades.

I. Interpretive: Hacer un resumen Escoge las palabras adecuadas del **Banco de palabras** para completar el siguiente resumen del video.

Banco de palabras

resistencia   Latinoamérica   contentas   ira   pensamientos   diferentes

---

La psicóloga observó a una comunidad muy pobre en _____. Ella percibió dos reacciones totalmente _____ de la gente que tenía las mismas dificultades. Algunas personas parecían _____ mientras que otras reaccionaban con _____. La psicóloga dice que algunas personas enfrentan las dificultades con _____ psicológica. Esas personas saben escoger sus _____ y reaccionar positivamente.

II. Interpersonal: Justificar tu opinión Trabaja con un(a) compañero(a). Piensen en los comentarios de la psicóloga. ¿Están de acuerdo en que todos tenemos la capacidad de reaccionar positivamente a cualquier situación, por más difícil que sea? Intercambien ideas y justifiquen su opinión en una frase.

_____

III. Presentational: Definir y dar un ejemplo En el video, la psicóloga cuenta que un hombre que estuvo preso en los campos de concentración sobrevivió por la motivación de volver a ver a su familia. Lee las dos definiciones y selecciona la que defina lo que es *motivación*. Después, completa la oración en tus propias palabras.

Motivación es…

   a. *la sensación de que no podemos alcanzar un objetivo.*

   b. *la fuerza interior o el deseo de alcanzar un objetivo.*

Mi motivación para estudiar es _____

_____

Video persuasivo de *Selvv*

Relaciones humanas: obligar o influir

Conoce a una persona que no sabía cómo tratar a los demás y averigua qué hizo para solucionar su problema.

Para ver el video, ve a:
> *Auténtico* digital course
> Authentic Resources folder
> Capítulo 4

TEMA: *Relaciones, conflictos y emociones*

AP THEME: *La vida contemporánea: Las relaciones personales*

¿Qué relación tiene nuestra actitud hacia los demás con el éxito personal y profesional?

▶ Antes de ver el video

Personalizar Piensa en cómo es tu actitud *(attitude)* hacia los demás. ¿Crees que en general tienes una actitud que te ayuda a mantener buenas relaciones? Escoge dos adjetivos que describan tu actitud personal hacia los demás. Luego úsalos para completar la oración.

Tipos de actitud hacia los demás
respetuosa   dominante   considerada   reservada   agresiva   tímida
comprensiva   arrogante   indiferente

En general tengo una actitud _____ y _____ hacia los demás.

Vocabulario clave

malhumorada	grumpy	obligar	to force, oblige
emprendedora	entrepreneur	amenazar	to threaten
despedido	fired	eficaz	effective
animar	encourage	en contra de su voluntad	against someone's will
encargadas	clerks	aborrezcan	hate
asesoría	counseling	vengarse	to take revenge
un tercero	another person	rencores	grudges

▶ Mientras ves el video

Estrategia para ver: Usar claves visuales Las claves visuales son imágenes que te dicen algo fundamental sobre el tema de un video. Al usar las claves visuales, podrás conectar las imágenes que ves con lo que dice la persona que habla. Así te será más fácil entender la idea principal y los detalles importantes.

◀ Es importante llevarse bien con los demás en el trabajo.

Usar claves visuales Mira el video sin sonido la primera vez. Pon mucha atención a los dibujos animados *(cartoons)*. Fíjate en la expresión de cada persona y en los lugares que se muestran. En la siguiente tabla, escribe una descripción corta de tres imágenes importantes del video que te ayudaron a entender el tema.

Tres imágenes importantes del video

▶ Después de ver el video

Vuelve a ver el video, esta vez con sonido, y completa estas actividades.

I. Interpretive: Interpretar ideas clave Completa cada oración con las palabras que expresen mejor la información que da el video.

1. Este video fue hecho para las personas que quieren mejorar _____.

  a. su vida personal   **b.** sus relaciones profesionales   **c.** sus emociones

2. El principal problema de Susi era que no sabía cómo _____.

  a. tratar a sus empleados   **b.** atender a sus clientes   **c.** escoger la ropa para la boutique

3. Después del curso, Susi aprendió que para tener éxito en su negocio necesita _____.

  a. mucho más dinero   **b.** la ayuda de otras personas   **c.** cambiar su boutique

4. Según el video, **influir** es mucho más _____ que **obligar**.

  a. fácil   **b.** difícil   **c.** efectivo

II. Interpretive: Parafrasear En tus propias palabras, explica qué diferencia hay entre **influir** y **obligar** según lo que dice el video.

Influir es _____

_____

Obligar es _____

_____

III. Interpersonal: Relacionar En grupo, comenten qué relación hay entre la actitud hacia los demás y el éxito personal y profesional. ¿Por qué es importante tratar bien a las personas con las que vivimos, estudiamos o trabajamos?

Video Blog de *30K Coaching*

¿Cuáles son las 6 emociones básicas?

Aprende lo que dice un famoso psicólogo sobre las emociones de las personas.

> **Para ver el video, ve a:**
> > *Auténtico* digital course
> > Authentic Resources folder
> > Capítulo 4

TEMA: *Relaciones, conflictos y emociones*
AP THEME: *La vida contemporánea: Las relaciones personales*

¿Qué conexión puede haber entre nuestras emociones y nuestras relaciones con los demás?

▶ Antes de ver el video

Activar experiencias previas Piensa en alguna emoción intensa que hayas tenido, ya sea positiva o negativa. ¿Recuerdas un día en particular en el que sentiste mucho miedo, felicidad o tristeza? Escribe una o dos frases describiendo el tipo de emoción que tuviste, cuál fue la causa de esa emoción y qué sentiste.

_____

_____

Vocabulario clave

goce	enjoyment	**prenda de ropa**	item of clothing
tristeza	sadness	**acontecimiento**	event
vacío	emptiness	**inesperado**	unexpected
decaimiento	depression	**incomodidad**	discomfort
pérdida	loss	**disgusto**	upset
enfado	anger	**se decepciona**	is disappointed
molestia	bother, annoyance		

▶ Mientras ves el video

Estrategia para ver: Parafrasear Un buen modo de entender un video es parafrasear las ideas principales. Recuerda que parafrasear consiste en repetir en tus propias palabras un concepto o idea. Al parafrasear mientras ves el video, podrás verificar si has entendido partes importantes de la narración.

◀ Según una teoría, hay seis emociones humanas básicas.

Parafrasear En la siguiente tabla, parafrasea en pocas palabras cómo define la narradora cada emoción. Fíjate en el primer ejemplo.

Emoción	Descripción
Felicidad (*Happiness*)	sentir alegría
Tristeza (*Sadness*)	
Enfado (*Anger*)	
Sorpresa (*Surprise*)	
Miedo (*Fear*)	
Disgusto (*Displeasure*)	

▶ Después de ver el video

Vuelve a ver el video y completa estas actividades.

I. Interpretive: Ideas clave Contesta cada pregunta con las palabras que mejor se adapten a lo que dice el video.

1. ¿De qué libro surgió la noción de las 6 emociones básicas? De un libro sobre...

    a. relaciones emocionales   **b.** inteligencia emocional   **c.** control de las emociones

2. ¿Qué ejemplo de felicidad da la narradora del video?

    a. pasar un buen rato con alguien   **b.** viajar a un lugar muy bonito

    c. comprar las cosas que nos gustan

3. ¿Con qué emoción se relaciona la palabra *desmotivación*?

    a. con la tristeza   **b.** con el enfado   **c.** con el disgusto

4. El miedo se produce cuando hay un peligro_____.

    a. real   **b.** imaginario   **c.** real o imaginario

5. ¿Cómo nos hace sentir una sorpresa?

    a. nos puede hacer sentir bien o mal   **b.** siempre nos hace sentir bien

    c. siempre nos hace sentir mal

II. Presentational: Ampliar Además de las seis emociones básicas que describe la narradora, hay otras emociones como *celos, nerviosismo* y *amor.* Escoge una de estas emociones o piensa en alguna otra emoción y da un ejemplo.

Otra emoción que podemos sentir las personas es _____. Un ejemplo de esa emoción es cuando...

_____

_____

III. Interpersonal: Analizar En grupo, hablen sobre el modo en que las emociones que sentimos pueden afectar nuestras relaciones personales. ¿Cómo podemos controlar las emociones para tener mejores relaciones con otras personas?

Nombre _____   Fecha _____

Video informativo de **Contáctica**

Cómo buscar empleo

Escucha algunos consejos que te serán muy útiles cuando comiences a buscar trabajo, ya sea a tiempo parcial o a tiempo completo.

Para ver el video, ve a:
> *Auténtico* digital course
> Authentic Resources folder
> Capítulo 5

TEMA   *El trabajo*

AP THEME   *La vida contemporánea: La educación y las carreras profesionales*

¿De qué maneras la sociedad moderna ayuda a la gente a buscar y encontrar trabajo?

▶ Antes de ver el video

Anticipar ¿Alguna vez has buscado trabajo? ¿Qué pasos tomaste para buscarlo? Escribe tres consejos para encontrar trabajo que crees que te darán en el video.

1. _____

2. _____

3. _____

Vocabulario clave

empleo	job/employment	**herramientas**	tools
trabajos disponibles	available jobs	**próximo empleo**	next job
navegador	browser	**¡éxito!**	good luck!
desempleado	unemployed		

Estrategia para ver: Identificar los cognados Al ver un video que tiene textos escritos, los cognados verdaderos (*true cognates*) te pueden ayudar a entender mejor a la persona que habla. Recuerda que los cognados verdaderos son palabras que se escriben muy parecido en inglés y español y que quieren decir lo mismo, como **evidente/evident.**

◀ Hay varias estrategias para buscar trabajo.

▶ Mientras ves el video

Identificar los cognados Mientras ves el video, lee con atención el texto que sale en la pantalla. Trata de identificar 5 cognados verdaderos. Anótalos en la columna de la izquierda de esta tabla y luego escribe su equivalente en inglés en la columna de la derecha.

Palabra en español	Palabra en inglés

▶ Después de ver el video

Vuelve a ver el video y completa estas actividades.

I. Interpretive: Interpretar ideas clave Completa la oración con la palabra o las palabras que exprese(n) mejor lo que dice el video.

1. Siempre se debe _____ el resumé según el trabajo que solicitas.

    a. duplicar **b.** volver a escribir **c.** personalizar

2. Encontrar trabajo requiere de _____.

    a. suerte **b.** dedicación y esfuerzo **c.** imaginación

3. Debes buscar un trabajo que se ajuste a tus _____.

    a. pensamientos **b.** habilidades **c.** sentimientos

4. Dos buenas maneras de buscar trabajo son buscar en Internet y _____.

    a. salir a la calle **c.** quedarse en la casa **d.** viajar

II. Presentational: Expresar tu opinión Hoy en día muchos jóvenes tienen retos y dificultades para encontrar trabajo. De todos los consejos que da el video para buscar empleo, ¿cuál te parece más importante? ¿Por qué? Justifica tu respuesta.

_____

_____

III. Presentational: Ampliar las ideas Imagina que vas a crear un video que se llamará "Cómo prepararte para la entrevista de trabajo". Escribe tres consejos que darás en el video. Comienza con la siguiente frase: *Para la entrevista de trabajo debes...*

1. _____

2. _____

3. _____

Video persuasivo de **GrupoEducare**

Educar para el trabajo vs Educar para la vida

Escucha un interesante punto de vista (*point of view*) sobre la importancia de una buena educación para el área profesional y para todas las áreas de tu vida.

> **Para ver el video, ve a:**
> > *Auténtico* digital course
> > Authentic Resources folder
> > Capítulo 5

TEMA   *El trabajo*
AP THEME *La vida contemporánea: La educación y las carreras profesionales*

¿De qué modo la educación afecta el comportamiento de una persona en la sociedad?

▶ Antes de ver el video

Predecir Piensa en el título de este video: ***Educar para el trabajo vs. Educar para la vida***. Basándote en el título, predice de qué se tratará este video. Completa esta frase:

Creo que este video se tratará de...

_____

_____

Vocabulario clave

profesionistas	professionals	**ámbitos**	areas
descuidar	to neglect	**herramientas**	tools
¡compórtate!	behave yourself!	**próximo empleo**	next job
desempeñarse laboralmente	to perform job functions	**¡éxito!**	good luck!
desgraciadamente	unfortunately		

Estrategia para ver: Usar claves visuales Los dibujos animados (*cartoons*) que verás en este video te darán claves visuales para comprender las ideas que te pueden parecer difíciles de entender. Presta atención a los dibujos y piensa de qué modo apoyan o aclaran lo que dice la persona.

◀ Obtener un título es solo una parte de la educación.

▶ Mientras ves el video

Claves visuales Mientras ves el video, piensa en estas dos preguntas: ¿Qué dibujos animados apoyan el concepto de educar para el trabajo? ¿Qué dibujos animados apoyan el concepto de educar para la vida? Haz anotaciones en esta tabla.

Dibujos: Educar para el trabajo	Dibujos: Educar para la vida

▶ Después de ver el video

Vuelve a ver el video y completa estas actividades.

I. Interpretive: Interpretar ideas clave Lee las siguientes frases y escribe *C* si es cierta o *F* si es falsa según lo que dice el video.

a. La educación para el trabajo educa a la persona para vivir en familia. ____

b. La educación para el trabajo no incluye algunas áreas de la vida personal. ____

c. Una buena educación solo debe enseñar conocimientos. ____

d. La educación para la vida es más completa que la educación para el trabajo. ____

II. Presentational: Analizar el propósito ¿Cuál crees que es el propósito de este video? ¿Crees que de algún modo ayuda a los jóvenes con los retos que enfrentan después de graduarse? ¿Por qué?

_____

_____

_____

III. Presentational: Escribir sobre tu experiencia Según la experiencia que has tenido en la escuela, ¿crees que tu educación te ha preparado solo para un futuro trabajo o también para la vida? Da detalles concretos.

_____

_____

_____

Video perspectiva de **IDB**

¿Cómo cerrar la brecha de habilidades?

Escucha una interesante perspectiva sobre las dificultades que los jóvenes de América Latina tienen para conseguir trabajo y las posibles soluciones.

> **Para ver el video, ve a:**
> > *Auténtico* digital course
> > Authentic Resources folder
> > Capítulo 5

TEMA   *El trabajo*
AP THEME   *La vida contemporánea: La educación y las carreras profesionales*

¿Qué relación hay entre las necesidades de una empresa y la preparación de profesionales?

▶ Antes de ver el video

Activar experiencias previas Piensa en tus propias experiencias y en las experiencias de tus amigos al buscar trabajo. Luego, hazte esta pregunta: ¿Qué factores pueden ayudar a una persona joven a obtener un buen empleo? Haz una lista de tres factores.

1. _____

2. _____

_____

3. _____

_____

Vocabulario clave

brecha	gap	**mano de obra calificada**	skilled labor
las piezas	pieces	**desajuste**	mismatch
un rompecabezas	puzzle	**perfiles**	profiles
no encajan	don't fit	**ponerse al día**	get up-to-date
empleo precario	marginal employment	**aula**	classroom

Estrategia para ver: Identificar datos importantes Es muy útil tomar notas cuando un video contiene muchos datos (*data*) importantes. Para identificarlos, no solo debes escuchar con atención lo que dice la persona que habla, sino leer el texto y mirar las ilustraciones y gráficas que salen en la pantalla.

◀ El video sugiere un nuevo modelo de estudio y trabajo.

Identificar datos importantes Mientras ves el video, concéntrate en los datos importantes que se presentan. Toma notas sobre cada uno de estos datos que da el video.

Datos importantes que presenta el video	
a. número de jóvenes en América Latina que ni estudian ni trabajan	
b. número de personas que empleará la industria del software para el año 2025	
c. cantidad de empresarios que no encuentran trabajadores calificados	
d. porcentaje (*percentage*) de empleos del futuro que todavía no están inventados	

▶ Después de ver el video

Vuelve a ver el video y completa estas actividades.

I. Interpretive: Interpretar ideas clave Elige la respuesta correcta a cada pregunta según lo que dice el video.

1. ¿Por qué hay tantos jóvenes en América Latina que no encuentran trabajo?

a. por falta de buenos contactos **b.** por no tener el perfil adecuado **c.** por no terminar la escuela

2. ¿Quiénes ocupan uno de cada tres empleos en América Latina?

a. personas del extranjero **b.** personas de la región **c.** personas de un solo país

3. ¿Qué tipo de trabajadores buscan las empresas ahora?

a. muy dedicados **b.** muy especializados **c.** muy educados

4. Según el video, ¿qué es necesario transformar?

a. las empresas **b.** la educación **c.** la sociedad

II. Interpretive: Parafrasear En tus propias palabras, explica cuál es el nuevo modelo de formación profesional que propone el video.

_____

_____

_____

III. Interpersonal: Comparar En grupo, hablen sobre "la brecha de habilidades" que describe el video. ¿Creen que esa brecha de habilidades también existe en los Estados Unidos? ¿Creen que aquí también se necesita un nuevo modelo de formación? ¿Por qué?

Authentic Resources Workbook

Video reportaje de **El Universal**

Santa Fe estrena plaza subterránea y sustentable

Conoce un edificio que fue construido pensando en las necesidades del futuro.

Para ver el video, ve a:
> *Auténtico* digital course
> Authentic Resources folder
> Capítulo 6

TEMA   *Desafíos del futuro*
AP THEME *La ciencia y la tecnología: Las innovaciones tecnológicas*

¿De qué modo las construcciones modernas pueden adaptarse a los problemas del futuro?

▶ Antes de ver el video

Usar claves visuales Observa la foto del video. ¿Qué tipo de construcción ves? ¿Has visto algo parecido? ¿Para qué crees que se usa?

Creo que esta construcción es un(una) _____

Vocabulario clave

estrena	launches	**captación pluvial**	rainwater collection
subterránea	underground	**tratamiento de aguas**	water treatment
sustentable	sustainable	**dar abasto**	to supply
plaza comercial	shopping mall	**inquilinos**	residents
enclavada	nestled	**zonas aledañas**	neighboring areas
celdas fotovoltáicas	photovoltaic cells	**parque en abandono**	neglected park

▶ Mientras ves el video

Estrategia para ver: Identificar los detalles importantes
Un buen modo de entender la información que da un video es concentrarse en los detalles que apoyan la idea principal. Al hacerlo, hay que excluir *(exclude any)* los detalles que no sean fundamentales para tener una buena noción de los aspectos más importantes que presenta el video.

◀ Esta estructura es un buen ejemplo de la arquitectura del futuro.

Identificar los detalles importantes Mientras ves el video, haz pausas para identificar los detalles importantes del video. Guíate por el primer ejemplo.

DETALLES IMPORTANTES DEL VIDEO
1. plaza comercial subterránea
2.
3.
4.

▶ Después de ver el video

Vuelve a ver el video y completa estas actividades.

I. Interpretive: Identificar ideas clave Escoge las palabras que contesten mejor cada pregunta.

1. ¿Qué tipo de uso tiene la construcción que se muestra en el video?

   a. viviendas para familias   **b.** centro comercial   **c.** centro de asistencia médica

2. ¿Cómo es la estructura que se muestra en el video?

   a. edificio de muchos pisos   **b.** grupo de varios edificios   **c.** construcción subterránea

3. ¿Qué característica especial tiene esta construcción?

   a. produce energía   **b.** usa poco espacio   **c.** tiene un lago grande

4. ¿En qué lugar se construyó Garden Santa Fe?

   a. en una playa desierta   **b.** en un parque abandonado   **c.** en los suburbios

II. Interpretive: Describir Básate en las imágenes del video para hacer una descripción del diseño (design) de Garden Santa Fe. Escribe un párrafo corto usando la siguiente frase:

El diseño de Garden Santa Fe es...

_____

_____

III. Interpersonal: Analizar Con un(a) compañero(a), piensen en otros tipos de edificios en los que se podría usar el concepto de edificio sustentable (sustainable) que se usó al construir Garden Santa Fe. ¿Qué beneficios podría tener usar este mismo concepto en más casas y edificios?

_____

_____

_____

Audio entrevista de **IDB**

¿Cómo ACAMICA capacita a los millennials para los empleos del futuro?

Para escuchar el audio, ve a:
> *Auténtico* digital course > Authentic Resources folder > Capítulo 6

Escucha a un joven de Argentina que está ayudando a los **millenials** a tener mejores habilidades tecnológicas para poder enfrentar los desafíos *(challenges)* de los trabajos del futuro.

TEMA   *Carreras del futuro*

AP THEME   *La ciencia y la tecnología: El acceso a la tecnología*

¿Cómo puede una buena preparación tecnológica ayudar a los jóvenes a enfrentar los desafíos del futuro?

▶ Antes de escuchar el audio

Personalizar Piensa en las muchas formas en que usas la tecnología todos los días, como tu teléfono celular, tu tableta y tu computadora. Escribe en qué áreas de la tecnología crees que necesitas aprender más como preparación para tu futuro.

Necesito aprender más sobre:

_____

Vocabulario clave

capacita	train; educate	desafío tecnológico	technological challenge
me crié	I was raised	el estudiante promedio	the average student
estadística	statistics	empezar desde cero	start from scratch
sesenta y cinco millones de puestos	65 million job openings	herramientas	tools
suplementar	to supplement	seguir evolucionando	to continue evolving

▶ Mientras escuchas el audio

Estrategia para escuchar: Parafrasear En la entrevista *(interview)* que vas a oír es probable que escuches frases que no comprendes muy bien. Para evaluar tu comprensión, te será muy útil parafrasear, o volver a decir en tus propias palabras, lo que dice el entrevistado *(interviewee)*.

Parafrasear Mientras escuchas el audio, haz pausas para pensar en cómo podrías parafrasear las ideas más importantes que escuches. Lee la frase de la columna de la izquierda y, en la columna de la derecha, vuelve a escribir esa misma frase en tus propias palabras.

Texto tomado del audio	En tus propias palabras
a. El 65 por ciento de los niños de hoy van a tener trabajos que no se han inventado.	
b. Creamos una academia en línea que forma a las personas para los desafíos tecnológicos del presente siglo.	

▶ Después de escuchar el audio

Vuelve a escuchar el audio y completa estas actividades.

I. Interpretive: Identificar ideas clave Escoge las palabras del recuadro que completen mejor cada frase según lo que dice el audio.

1. ACAMICA se creó pensando en que muchas personas se quedarán sin trabajo si no _____.

    a. adquieren más conocimientos generales

    b. mejoran sus habilidades tecnológicas

    c. mejoran sus habilidades de comunicación

2. Este programa ofrece _____.

    a. una carrera en línea con actividades prácticas

    b. una carrera en una universidad cercana

    c. entrenamiento especial en el sitio de trabajo

3. Según Nacho, el estudiante que participa en este programa podrá _____.

    a. entender mejor lo que aprende en la universidad

    b. conseguir trabajo en áreas de alta demanda

    c. obtener un mejor salario en su trabajo

4. Según Nacho, las habilidades tecnológicas son importantes para _____.

    a. cualquier tipo de profesión o carrera

    b. las mujeres y los hombres de negocios

    c. los ingenieros, científicos y banqueros

5. Según Nacho, el programa es importante para América Latina porque _____.

    a. la región está muy atrasada en términos tecnológicos

    b. se necesitan más científicos e ingenieros en la región

    c. permitirá que los profesionales de la región evolucionen

II. Interpretive: Identificar Basándote en la información que da Nacho en el audio, identifica cuál es el grupo de estudiantes promedio que usa este entrenamiento tecnológico.

El estudiante promedio de este entrenamiento tecnológico es...

_____

_____

III. Presentational: Analizar En grupo, analicen de qué manera una buena preparación en las áreas tecnológicas puede ayudar a los jóvenes de hoy a enfrentar los desafíos del futuro. Basen su análisis en la siguiente pregunta: **¿Es la tecnología fundamental para los trabajos del futuro? ¿Por qué?** Presenten su análisis a la clase.

_____

_____

Authentic Resources Workbook

Video reportaje de Agencia **EFE**

Así es viajar en un autobús sin conductor

Conoce un autobús que parece ser de una película de ciencia ficción.

> **Para ver el video, ve a:**
> > *Auténtico* digital course
> > Authentic Resources folder
> > Capítulo 6

TEMA: *El futuro*

AP THEME: *Los desafíos mundiales: Los temas económicos*

¿Cómo puede el transporte público adaptarse a las necesidades del futuro?

▶ Antes de ver el video

Visualizar Lee el título del video. Ahora imagina cómo es un autobús sin conductor. ¿Te gustaría viajar en este tipo de autobús? ¿Por qué? Completa una de las siguientes frases.

Me gustaría viajar en un autobús sin conductor porque... _____

No me gustaría viajar en un autobús sin conductor porque... _____

Vocabulario clave

hasta hace poco	until recently	**recorren**	travel
ciencia ficción	science fiction	**una sencilla ruta**	a simple route
un período de prueba	trial period	**doce kilómetros por hora**	twelve kilometers per hour

▶ Mientras ves el video

Estrategia para ver: Identificar palabras conocidas y cognados
Hay algunos videos en los que reconocerás palabras en español que ya has aprendido y que son claves para entender la idea principal del video. Si además identificas algunos cognados podrás comprender mejor los conceptos que presenta el video.

◀ En algunas ciudades ya hay autobuses que no tienen conductor.

Identificar palabras conocidas y cognados Mientras ves el video, escucha con atención lo que dice el reportero. Haz una lista de todas las palabras claves en español que ya conoces. Haz otra lista de los cognados que escuches.

Palabras claves que ya conozco	Cognados que identifiqué

▶ Después de ver el video

Vuelve a ver el video y completa estas actividades.

I. Interpretive: Hacer un resumen Escoge las palabras para completar el resumen del video.

emergencia ciudades meses calle operador pasajeros viajan automatizado autobuses

MobilCity2 es un sistema de transporte _____ que se está experimentando en

varias _____ de Europa. En San Sebastián, España, ya comenzaron a circular tres

_____ pequeños sin conductor que _____ por la _____ a 12 kilómetros

por hora. Cada autobús tiene una capacidad de diez _____ y lleva a un _____

en caso de _____. El sistema va a tener un período de prueba de tres _____.

II. Interpersonal: Evaluar El sistema de autobuses sin conductor es un programa piloto, o experimental. Con un(a) compañero(a), evalúen las ventajas y desventajas *(advantages and disadvantages)* de este tipo de sistema de transporte público. Luego completen la tabla.

Ventajas de los autobuses sin conductor	Desventajas de los autobuses sin conductor

III. Interpersonal: Analizar En grupos pequeños, comenten qué otras necesidades, problemas o desafíos *(challenges)* se deben tener en cuenta al planear el transporte público del futuro. Guíense por el modelo.

El transporte del futuro debe tener en cuenta el aumento en la población.

Video informativo de **EFE**

La ruta BBVA visita la ciudad de Uxmal

Aprende sobre una ciudad que fue construida por una gran civilización del pasado.

Para ver el video, ve a:
> *Auténtico* digital course
> Authentic Resources folder
> Capítulo 7

TEMA: *Arqueología prehispánica*
AP THEME: *La belleza y la estética: La arquitectura*

¿Qué puedes aprender sobre una civilización del pasado al observar sus ruinas?

▶ Antes de ver el video

Activar conocimientos previos Piensa en lo que aprendiste en este capítulo sobre las antiguas civilizaciones de México. ¿Qué tipo de estructuras y edificios dejaron estas civilizaciones? Escribe dos tipos de estructuras que recuerdas.

1. _____

2. _____

Vocabulario clave

majestuosos	majestic	**la altura**	height
encerrados entre la vegetación	surrounded by vegetation	**la anchura**	width
se funda	is founded	**etapas**	stages
siglo séptimo	7th century	**forma ovalada**	oval form
los yacimientos	sites	**la cumbre**	peak
Pirámide del Adivino	Pyramid of the Magician	**mascarones**	masks

▶ Mientras ves el video

Estrategia para ver: Identificar datos importantes Algunos videos contienen dos tipos de información: datos importantes e información secundaria. Para entender mejor este tipo de video, una buena estrategia es identificar los datos realmente importantes. Al hacer esto, podrás tener una noción clara de la idea principal del video.

◀ Una de las ruinas de la ciudad de Uxmal

Identificar datos importantes Mientras ves el video, escucha con atención a las personas que hablan y observa los lugares que se describen. Haz una lista de 5 o 6 términos claves que te ayuden a recordar los datos más importantes. Guíate por el ejemplo.

Términos claves
1. la ciudad de Uxmal _____
2. _____
3. _____
4. _____
5. _____
6. _____

▶ Después de ver el video

Vuelve a ver el video y completa estas actividades.

I. Interpretive: Identificar ideas clave Completa cada frase con la palabra correcta de acuerdo a la información del video.

1. La ciudad de Uxmal fue construida por los _____.

   a. aztecas   **b.** mayas   **c.** olmecas

2. Las ruinas de esta ciudad se encuentran en la península de _____.

   a. Yucatán   **b.** Baja California   **c.** la Florida

3. Las ruinas de Uxmal están rodeadas (*surrounded*) de _____.

   a. vegetación   **b.** casas   **c.** montañas

4. La Pirámide del Adivino fue construida en cinco _____.

   a. años   **b.** etapas   **c.** siglos

5. Esta pirámide tiene representaciones del dios de la / del _____.

   a. tierra   **b.** lluvia   **c.** sol

II. Interpretive: **Resumir** Haz un resumen corto del video. Usa los datos importantes que identificaste en **Mientras ves el video** y las respuestas a las preguntas de la **Actividad I**.

_____

_____

_____

III. Interpersonal: Inferir Con un compañero(a) comenten qué aprendieron al ver este video. ¿Qué les dice la ciudad de Uxmal sobre cómo eran sus constructores? ¿Qué les dicen los edificios sobre lo que era importante para esta antigua civilización?

Video informativo de **El Universal**

Al rescate de 'Cajhuachi', el Vaticano prehispánico

Conoce un lugar que tiene un gran significado espiritual para las civilizaciones precolombinas.

> **Para ver el video, ve a:**
> > *Auténtico* digital course
> > Authentic Resources folder
> > Capítulo 7

TEMA   *Arqueología prehispánica*
AP THEME   *La belleza y la estética: La arquitectura*

¿Qué te indican las ruinas de una cultura sobre sus valores *(values)* más importantes?

▶ Antes de ver el video

Hacer predicciones Observa la foto del video. Luego lee el título y las palabras en la lista del Vocabulario clave. Basándote en esto, ¿sobre qué crees que tratará este video?

Creo que este video tratará sobre... _____

Vocabulario clave

rescate	rescue	**edificada**	built
prevalecen	persist, endure	**embates del tiempo**	ravages of time
los vestigios	remains	**carece de recursos**	has very little funding
cientos de peregrinos	hundreds of pilgrims	**salvaguardar**	to safeguard
provenientes de	coming from	**los guaqueros**	looters
acudían a	came to	**restos de cerámica**	ceramic relics/fragments
las ofrendas	offerings	**la superficie del terreno**	the surface of the land

▶ Mientras ves el video

Estrategia para ver: Inferir el significado Una estrategia muy útil para asimilar mejor las ideas o los comentarios que oyes en un video es inferir (o leer entre líneas). Al hacer inferencias debes basarte en las claves del contexto, las imágenes, el vocabulario, las descripciones y tus conocimientos previos.

◀ Muchos estudiantes visitan cada año el centro ceremonial de *Cajhuachi*.

Inferir el significado En la siguiente tabla, verás tres comentarios claves del video. Subraya (*underline*) la oración de la derecha que infiere mejor el significado de cada comentario de la izquierda.

Comentario	Significado
1. "(En Cajhuachi)...prevalecen los vestigios de lo que pudo ser el Vaticano prehispánico".	**a.** Estas ruinas prehispánicas son comparables al Vaticano de hoy.
	b. Estas ruinas prehispánicas están ubicadas en el mismo lugar del Vaticano.
2. "(los peregrinos)...acudían (a este lugar) a depositar sus ofrendas".	**a.** Los peregrinos compraban ofrendas para llevar a su casa.
	b. Los peregrinos traían ofrendas para dejar en este lugar.
3. "La importancia de este centro de peregrinaje radica en que fue el sitio de peregrinaje más importante de la zona".	**a.** Este sitio no era muy conocido por las personas de la zona.
	b. Este sitio era honrado por muchas personas de la zona.

▶ Después de ver el video

Vuelve a ver el video y completa estas actividades.

I. Interpretive: Identificar ideas clave Basándote en la información que da el video, une cada palabra de la columna de la izquierda con la frase que se relaciona en la columna de la derecha.

1. Cajhuachi　　　　　　　**a.** investiga el centro ceremonial

2. arqueólogo italiano　　　　**b.** han encontrado ofrendas de cerámica

3. un habitante de la zona　　　**c.** un centro de peregrinaje

4. arqueólogos　　　　　　　**d.** allí se exhiben restos de cerámicas

5. museo en Cuzco　　　　　　**e.** guarda del sitio

II. Presentational: Sacar conclusiones Piensa en cuál es la importancia de los artefactos que se descubren en un sitio arqueológico. ¿Por qué es importante conservarlos? ¿Por qué hay que tratar de protegerlos de los guaqueros *(looters)*?

Es importante conservar y proteger los objetos arqueológicos porque _____

_____

_____

III. Interpersonal: Analizar En el video, se compara el centro de Cajhuachi con el Vaticano y la Meca. Con un compañero, analicen esta comparación. ¿En qué se parece Cahjuachi a estos dos conocidos sitios?

Video informativo de **BBC Mundo**

Ecuador: las piedras enfermas de un templo inca

Aprende sobre un sitio arqueológico que la civilización inca construyó en Ecuador.

Para ver el video, ve a:
> *Auténtico* digital course
> Authentic Resources folder
> Capítulo 7

TEMA *Arquitectura prehispánica*
AP THEME: *La belleza y la estética: La arquitectura*

¿Qué podemos hacer para proteger y conservar los sitios arqueológicos?

▶ Antes de ver el video

Visualizar Lee el título del video y piensa en su significado. ¿Cómo visualizas unas "piedras enfermas"? ¿Por qué crees que pueden estar "enfermas"?

Imagino que unas "piedras enfermas" son piedras que... _____ .

Vocabulario clave

condiciones climáticas	weather conditions	**investigadores**	researchers
la belleza	beauty	**a merced de**	at the mercy of
valor histórico	historic value	**reparar**	to repair
funciones	roles	**diagnóstico y tratamiento**	diagnosis and treatment

▶ Mientras ves el video

Estrategia para ver: Hacer y contestar preguntas Una estrategia muy útil al ver un video es hacer una lista de preguntas sobre las cosas que quieres saber o que no entiendes bien. Puedes comenzar a hacer tu lista antes de ver el video basándote en el título y luego seguir ampliando la lista mientras ves el video. Finalmente, debes tratar de contestar cada pregunta de tu lista usando las imágenes, la narración y otras claves del contexto.

◀ Restos del templo inca de Ingapirca, en Ecuador

Hacer y contestar preguntas Haz una lista de preguntas antes de ver el video y mientras ves el video. Contesta cada pregunta a medida que encuentres la información. Sigue el modelo.

Preguntas	Respuestas
¿De qué sitio arqueológico habla el video?	Habla de un templo inca localizado en Ecuador.

▶ Después de ver el video

Vuelve a ver el video y completa estas actividades.

I. Interpretive: Intepretar ideas clave Completa cada oración con la palabra o frase que mejor exprese la información del video.

1. El narrador dice que las piedras del templo inca están enfermas porque _____.

   a. se las han robado   **b.** se han erosionado   **c.** han desaparecido

2. La experta que habla en el video compara la enfermedad de las piedras con un(a)
_____.

   a. fractura de huesos   **b.** enfermedad fatal   **c.** cáncer de la piel

3. El templo inca tiene tanta importancia histórica porque _____.

   a. era un centro religioso   **b.** tenía muchas funciones   **c.** es único en el mundo

4. Pronto llegará a Ecuador un experto de Varsovia para _____.

   a. tratar de pintar las piedras   **b.** tratar de duplicar las piedras

   c. tratar de reparar las piedras

II. Interpretive: Identificar las razones El narrador y la experta que hablan en el video explican por qué las piedras del templo inca están "enfermas". Identifica las dos principales razones.

Las piedras del templo inca están "enfermas" a causa de...

1. _____

2. _____

III. Interpersonal: Idear soluciones Trabaja con un grupo. Basándose en el problema que tiene el templo inca, traten de idear soluciones para proteger y conservar este sitio arqueológico. Usen el siguiente ejemplo como modelo:

Hay que poner más restricciones a los turistas que visitan este templo.

Video reportaje del **llamada32**

Orígenes del pueblo gitano

Aprende algunos datos históricos sobre un grupo étnico que tiene una cultura muy interesante.

Para ver el video, ve a:
> *Auténtico* digital course
> Authentic Resources folder
> Capítulo 8

TEMA: *Tradiciones e identidad*

AP THEME: *Las identidades personales y públicas: La identidad nacional y la identidad étnica*

¿Qué relación puede haber entre la lengua de un pueblo y su historia?

▶ Antes de ver el video

Activar conocimientos previos Piensa en lo que aprendiste en este capítulo sobre la cultura y la diversidad cultural. Hay características que identifican a una cultura, como la música y el arte. ¿Qué otras características identifican a una cultura?

1. _____

2. _____

Vocabulario clave

pueblo gitano	gypsy people	**vasijas**	vessels
viajero	traveling	**utilería**	utensils
trashumante	nomadic	**errante**	wandering
rebosa	overflows	**léxico**	vocabulary, lexicon
nómada	nomadic	**castellana**	Spanish (Castilian)
restos materiales	physical remains		

▶ Mientras ves el video

Estrategia para ver: Sacar conclusiones Una buena estrategia al ver un video es sacar conclusiones, o deducir algo basándote en lo que dice la persona que habla. Esto te ayudará a comprender conceptos e ideas que pueden ser confusos. Para sacar conclusiones, puedes usar la información que te ofrece el video, las claves del contexto, tus conocimientos previos y tu sentido común.

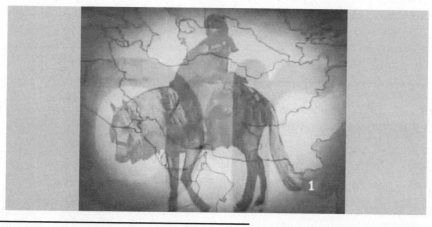

◀ Los primeros gitanos recorrieron grandes distancias a caballo.

Sacar conclusiones Mientras ves el video, trata de sacar conclusiones que te ayuden a aclarar conceptos e ideas del video. En la siguiente tabla, escoge la conclusión que refleje mejor el significado de cada idea una de las ideas de la columna de la izquierda.

Ideas expresadas en el video	Conclusión
Podemos conocer a un pueblo por sus palabras.	**a.** La lengua de un pueblo nos revela mucho de su historia.
	b. Las canciones de un pueblo nos revelan mucho de su lengua.
Los gitanos son un pueblo nómada.	**a.** Los gitanos se han ido a vivir de un lugar a otro.
	b. Los gitanos siempre han vivido en Europa.
El romanó es el idioma universal de los gitanos.	**a.** Los gitanos en todo el mundo hablan y entienden el romanó.
	b. Los gitanos de Europa hablan y entienden el romanó.

▶ Después de ver el video

Vuelve a ver el video y completa estas actividades.

I. Interpretive: Identificar ideas clave Escoge las palabras del **Banco de ideas** que completen mejor cada oración. **Nota:** Hay dos ideas que sobran, es decir que no corresponden a ninguna de las oraciones.

Banco de ideas
errante   India   diversas lenguas   China   la Península Ibérica   el español

1. Los gitanos son originarios de _____.

2. Los gitanos llegaron a _____ en el siglo XV.

3. Los gitanos son un pueblo _____.

4. La lengua de los gitanos tiene palabras que vienen de _____.

II. Interpretive: Interpretar claves visuales En el video aparecen varios mapas de distintas partes del mundo. Explica qué indican esos mapas.

Los mapas nos indican que _____

_____

_____

III. Interpersonal: Inferir Después de haber visto el video sobre los gitanos, comenta con un compañero qué relación puede haber entre la lengua de un pueblo y su historia.

Comentario radial de **OzonicoRadio**

Inmigrante: Vida e Integración

Escucha a una reportera de la primera emisora de radio en español en Toronto hablar acerca de las diferentes etapas (*stages*) por las que pasa un inmigrante en su nuevo país.

Para escuchar el audio, ve a:
> *Auténtico digital course*
> Authentic Resources folder
> Capítulo 8

TEMA:　　*Tradiciones e identidad*

AP THEME: *Las identidades personales y públicas: La identidad nacional y la identidad étnica*

¿Cuáles son los retos de un inmigrante para preservar su identidad en otro país?

▶ Antes de escuchar el audio

Activar experiencias previas ¿Has tenido que mudarte de una ciudad a otra alguna vez? ¿O quizá has tenido que cambiar de escuela? ¿Cómo te sentiste? ¿Qué fue lo que más extrañaste (*missed*) de tu ciudad o escuela anterior? Escribe acerca de tu experiencia.

Lo que más extrañé de (mi ciudad/mi escuela) fue...

_____

_____

Vocabulario clave

choque cultural	culture shock	**hacer frente**	to face	**puesto**	position at work
la felicidad	happiness	**nube negra**	black cloud		
esperanzas	hopes	**ajuste**	adjusting		

▶ Mientras escuchas el audio

Estrategia para escuchar: Identificar cognados Debes usar lo que ya sabes sobe el idioma español como ayuda para reconocer nuevas palabras. Por ejemplo, conoces las palabras *conquista* y *conquistar*, así que puedes entender la palabra *conquistador*. También debes reconocer palabras en español que son similares a las de inglés, o sea los cognados. Recuerda que no es necesario entender lo que oyes palabra por palabra. Identificar las palabras que conoces y los cognados te ayudará a comprender las ideas más importantes.

Identificar cognados Mientras oyes el comentario, trata de identificar las palabras que son cognados. Anótalos en la tabla. Lee el ejemplo en la primera fila.

Español	Inglés
inmigrante	immigrant

▶ Después de escuchar el audio

Vuelve a escuchar el audio y completa estas actividades.

I. Interpretive: Identificar ideas clave Elige la palabra o frase que mejor completa cada oración.

1. Las personas pueden tener una experiencia _____.

  a. única　　**b.** política　　**c.** cultural

2. Hay _____ etapas comunes de adaptación.

  a. cinco　　**b.** tres　　**c.** cuatro

3. Al proceso de adaptación a una nueva cultura se le conoce como _____.

  a. choque cultural　　**b.** choque emocional　　**c.** choque psicológico

4. En el comentario radial, la etapa número dos de frustración se compara con _____.

  a. un arco-iris　　**b.** una fiesta　　**c.** una nube negra

5. Cuando se entiende mejor al nuevo país hay más _____.

  a. dinero　　**b.** control　　**c.** inseguridad

II. Interpretive: Analizar Trabajen en parejas. Llenen la tabla con información sobre cómo se siente el inmigrante en cada etapa, y expliquen por qué.

Etapas	¿Cómo se siente el inmigrante?	¿Por qué?
Etapa 1		
Etapa 2		
Etapa 3		
Etapa 4		

III. Presentational: Definir experiencias Piensa en lo que mantuviste (*maintained*) de tu identidad cuando te mudaste a otro lugar o cambiaste de escuela, y lo que tuviste que abandonar para adaptarte al nuevo lugar. ¿Qué tan fácil fue mantener esta parte de tu identidad? ¿Qué fue lo más difícil? Si tuviste que cambiar para llegar a ser parte de tu nuevo grupo, ¿cómo te sentiste? Escribe un párrafo al respecto y compártelo con la clase. Incluye detalles para apoyar tus ideas.

_____

_____

_____

_____

_____

Artículo informativo de **BBC Mundo**

Ni hispano ni latino: Los inmigrantes prefieren identificarse por país de origen

Para leer el texto, ve a:
> *Auténtico* digital course > Authentic Resources folder > Capítulo 8

Lee un artículo interesante que te ayudará a conocer un poco más sobre la identidad de los inmigrantes que viven en Estados Unidos.

TEMA: *La identidad cultural*

AP THEME: *Las identidades personales y públicas: La identidad nacional y la identidad étnica*

¿Por qué es importante tener una identidad cultural?

▶ Antes de leer el texto

Anticipar Lee el título del artículo y las palabras del vocabulario clave. ¿Qué te dice esta información? ¿Qué crees que aprenderás sobre los inmigrantes latinos o hispanos?

Creo que al leer este artículo aprenderé sobre . . .

_____

_____

Vocabulario clave

de habla española	Spanish-speaking	**amplitud cultural**	cultural extensiveness
las etiquetas étnicas	ethnic labels	**amalgama**	amalgam, fusion
no cuadran	do not work	**cohesiona**	holds together
no atiende a	does not address	**información estadística**	statistical information

▶ Mientras lees el texto

Estrategia para leer: Parafrasear Una buena estrategia al leer un artículo que contiene ideas complejas es parafrasear, o repetir en tus propias palabras, algunos de los conceptos más importantes. Al usar tu propio razonamiento y tu propia forma de expresarte, podrás verificar tu comprensión.

Parafrasear Mientras lees, concéntrate en entender las ideas centrales del artículo. Subraya las palabras claves que necesitas para parafrasear cada una estas ideas.

1. "En Estados Unidos los inmigrantes provenientes de naciones latinoamericanas de habla española parecen tener problemas a la hora de identificarse como 'latinos' o 'hispanos'".
2. "...La mayoría dijo considerar que esa clasificación no atiende a la amplitud cultural de una comunidad que tiene diferentes orígenes".
3. "No somos una raza, como insiste en clasificarnos el gobierno de EE.UU., sino un grupo étnico que representa una cultura".
4. "Muchos de los latinos no piensan que haya una cultura común porque es una comunidad con mucha diversidad y por eso es difícil describirla con un nombre o una cultura".

▶ Después de leer el texto

Vuelve a leer el texto y completa estas actividades.

I. Interpretive: Inferir ideas clave Escoge las palabras correctas para completar cada oración según la información del artículo.

1. Según un estudio del Centro Hispano Pew, la mayoría de los inmigrantes de habla española prefieren que los identifiquen _____.

   a. como hispanos   **b.** por su país de origen   **c.** como latinos

2. Una cosa que tienen en común muchos inmigrantes de América Latina y España es _____.

   a. el idioma   **b.** la música   **c.** la comida

3. El gobierno de Estados Unidos usa los términos "hispano" y "latino" para _____.

   a. reportes estadísticos   **b.** estudios antropológicos   **c.** análisis internacionales

4. El estudio del Centro Hispano Pew revela la _____ de los inmigrantes de América Latina.

   a. herencia cultural   **b.** unidad cultural   **c.** diversidad cultural

II. Interpretive: Interpretar datos Lee con atención los datos *(data)* de la lista titulada "Tendencias hispanas". Después, escoge las palabras adecuadas para completar el párrafo.

cultura	idioma	nacieron	inglés

A casi todos los inmigrantes hispanos que viven en Estados Unidos les gusta identificarse por el país en el que _____ y no creen que todos tengan una _____ común. Una gran mayoría cree que es necesario aprender _____, pero que también es importante mantener su propio _____.

III. Interpersonal: Identificar elementos Con un compañero(a) comenten qué significa el término "identidad cultural" y por qué es importante preservarla. Después, cada uno debe escribir tres elementos que hacen parte de la identidad cultural de una persona.

Estos son tres elementos de la identidad cultural de una persona:

1. _____

2. _____

3. _____

Video reportaje de **BBC Mundo**

Alegres "melodías de la basura"

Aprende sobre un ingenioso modo de usar la basura para una linda causa.

> **Para ver el video, ve a:**
> > *Auténtico* digital course
> > Authentic Resources folder
> > Capítulo 9

TEMA: *Soluciones para la basura*

AP THEME: *Los desafíos mundiales: Los temas del medio ambiente*

¿Qué usos prácticos podemos darle a la basura?

▶ Antes de ver el video

Activar experiencias previas ¿Alguna vez le has dado un nuevo uso a un objeto que estaba destinado a la basura? ¿Qué objeto fue? ¿Qué uso le diste? Completa esta oración.

Una vez reciclé un(una) _____ y lo(la) usé para _____.

Vocabulario clave

los integrantes	members	**un caño de canaleta**	gutter pipe
zonas marginales	marginal areas	**un mazo**	mallet
de alto riesgo	high risk	**una asadera**	roasting pan
vertedero	landfill; garbage dump	**tapitas de gaseosa**	soda bottle caps
se le ocurrió	he thought of	**clavija**	tuning peg
cacerola	saucepan	**motivo de orgullo**	source of pride
una lata de aceite	oil can		

◀ Mientras ves el video

Estrategia para ver: Usar claves visuales y de audio Mientras ves un video, debes establecer una conexión entre lo que oyes y lo que ves. Las imágenes te pueden ayudar a entender mejor lo que oyes y viceversa. Al usar las claves visuales y de audio al mismo tiempo, podrás tener una mejor comprensión global del video.

RICARDO VALENZUELA
SOCIO DE "GOLDENCONCRET"

◀ Este instrumento musical fue fabricado con materiales muy peculiares. ¿Reconoces algunos?

Usar claves visuales y de audio Mientras ves el video, presta atención a la descripción que cada chico de la orquesta hace de su instrumento. Además, observa las imágenes. Encierra en un círculo (circle) los objetos que se usaron para fabricar esos instrumentos.

lata de aceite	vidrio	espátula	pelota	pedazos de monedas
libros viejos	hojas	asadera	tela	caño de canaleta
una cama	madera	plástico	mazo	tapitas de gaseosa
cucharas	papel	botones		

▶ Después de ver el video

Vuelve a ver el video y completa estas actividades.

I. Interpretive: Inferir ideas clave Completa cada pregunta con las palabras correctas según lo que dice el video.

1. ¿Cómo se llama el programa de educación musical que se presenta en el video?

  a. Orquesta de la Basura   **b.** Banda de Reciclaje   **c.** Sonidos de la Tierra

2. ¿Con qué se fabricaron muchos de los instrumentos de la orquesta?

  a. con madera de árboles   **b.** con objetos reciclados   **c.** con partes de un auto

3. ¿A qué áreas de Paraguay pertenecen muchos de los chicos de la orquesta?

  a. a zonas marginales   **b.** a las zonas ricas   **c.** a zonas remotas

4. ¿En dónde se obtuvieron muchos de los materiales que se usaron para construir los instrumentos?

  a. en una fábrica   **b.** en una tienda   **c.** en un vertedero

II. Presentational: Hacer inferencias El programa musical que vimos en el video tiene un beneficio (benefit) ambiental y uno social. Explica cuál es cada beneficio.

El beneficio ambiental del programa es.... _____

_____

El beneficio social del programa es... _____

_____

III. Interpersonal: Analizar En grupo, analicen el nombre del programa musical y su relación con el medio ambiente. ¿Creen que es un nombre adecuado? ¿Por qué?

Modelo

El nombre del programa musical es adecuado porque ayuda a proteger el medio ambiente.

Video informativo de **UNESCO**

Aprende a proteger la biodiversidad

Aprende cómo podemos ayudar a proteger al planeta.

┌─────────────────────────────────┐
Para ver el video, ve a:
> *Auténtico* digital course
> Authentic Resources folder
> Capítulo 9
└─────────────────────────────────┘

TEMA: *Los recursos naturales y el medio ambiente*
AP THEME: *Los desafíos mundiales: Los temas del medio ambiente*

¿Puede la educación ayudarnos a cuidar el planeta?

▶ Antes de ver el video

Usar conocimientos previos Piensa en todo lo que aprendiste en este capítulo sobre la importancia de cuidar el planeta. Escribe tres formas generales en que tú puedes contribuir a cuidar al planeta. Fíjate en el ejemplo.

Ejemplo: *no desperdiciar el agua*

1. _____

2. _____

3. _____

Vocabulario clave

moldeado	molded, shaped	**fomentar**	to encourage
capacidad de sanar	ability to heal	**fuente de bienes**	source of goods
nos presta abrigo	provides us shelter	**habilitar**	to prepare; to enable
pérdida	loss	**primera mano**	first hand
la tasa	the rate	**lúdica**	playful
convenio	agreement		

▶ Mientras ves el video

Estrategia para ver: Identificar datos importantes Ahora verás un video que contiene muchos datos importantes. Presta atención a las palabras y a las imágenes clave y trata de distinguir entre la información relevante y la no relevante al tema principal.

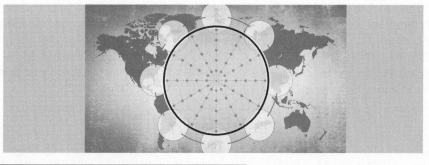

◀ La biodiversidad es todo lo que vive en la Tierra.

Identificar datos importantes Lee las siguientes frases y decide qué información necesitarás para completarlas. Cuando ves el video, pon atención a los datos importantes y úsalos para completar cada una de las frases.

1. La biodiversidad es influenciada por los fenómenos naturales y los _____.

    a. peces   **b.** seres humanos   **c.** millones de especies

2. La tasa de _____ de algunas especies es muy alta.

    a. cantidad   **b.** crecimiento   **c.** extinción

3. Las Naciones Unidas quieren promover y _____ la biodiversidad para nuestra vida.

    a. proteger   **b.** suprimir   **c.** anular

4. Para ayudar a mantener la biodiversidad debemos tener un _____ más sostenible.

    a. comportamiento inofensivo   **b.** riesgo de extinción   **c.** estilo de vida

▶ Después de ver el video

Vuelve a ver el video y completa estas actividades.

I. Interpretive: Identificar ideas clave Completa cada frase con la palabra correcta.

1. La _____ comprende todo lo que vive en la tierra.

2. Los científicos creen que hay unos 13 _____ de especies en el planeta.

3. Muchos árboles y plantas de la tierra se usan con fines _____.

4. Se calcula que habrá unas 9,000 millones de _____ en el año 2050.

5. La _____ puede mostrarnos cómo promover y proteger la biodiversidad.

II. Interpretive: Inferir El video explica que la biodiversidad es vida y es muy importante protegerla. De acuerdo al relator, la biodiversidad "nos sana, nos presta abrigo, nos alimenta y nos viste". ¿Qué crees que quiere decir cada una de estas afirmaciones? ¿De qué manera puede el planeta lograr esto? Completa con dos ejemplos cada una de las siguientes frases.

La biodiversidad…

1. *nos sana:* _____

2. *nos presta abrigo:* _____

3. *nos alimenta:* _____

4. *nos viste:* _____

III. Presentational: Escribir un blog Piensa que eres miembro de un grupo de tu comunidad que quiere educar a las personas sobre la biodiversidad. Basándote en el lugar donde vives, decide qué es lo que tu comunidad necesita hacer para ayudar a conservar el planeta. Por ejemplo: no permitir la tala de árboles, proteger los animales en sus hábitats, limpiar los océanos y sus playas, etc. Luego, con un compañero, escriban un blog explicando por qué es importante para tu comunidad.

    Authentic Resources Workbook

Entrevista radial de **Minutopedia**

Todo sobre la energía solar

Escucha una entrevista a un experto en energía fotovoltaica y sus aplicaciones.

> **Para escuchar el audio, ve a:**
> > *Auténtico* digital course
> > Authentic Resources folder
> > Capítulo 9

TEMA: *Los recursos naturales y el medio ambiente*

AP THEME: *Los desafíos mundiales: Los temas del medio ambiente*

¿Cuáles son algunas posibles soluciones al problema energético?

▶ **Antes de escuchar el audio**

Visualizar ¿Qué te viene a la mente cuando escuchas "energía solar"? Describe las imágenes que vienen a tu mente cuando escuchas la frase energía solar.

Cuando escucho la frase "energía solar" pienso en...

_____

_____

Vocabulario clave

energía fotovoltaica	photovoltaic (solar) energy	**celda fotovoltaica**	photovoltaic cell
los tejados	roofs	**aparatos autónomos**	self-contained devices
propaga	spreads	**alumbrado público**	street lighting
frente de ondas	wavefront	**gran escala**	grand scale
liberar electrones	to liberate electrons	**suministro**	supply

▶ **Mientras escuchas el audio**

Estrategia para escuchar: Identificar ideas importantes Una buena estrategia para saber si comprendes lo que escuchas es identificar ideas importantes. Es decir, capturar palabras y frases clave y la información que se relaciona con ellas. Esto te ayuda a identificar de qué se trata el audio.

Identificar ideas importantes Mientras escuchas la entrevista, trata de tomar notas acerca de las ideas importantes y los detalles. Para esto, puedes empezar por identificar palabras o frases clave, y luego añadir información a medida que sigues escuchando. Mira el ejemplo en la primera línea de la tabla.

Palabra o frase	Lo que escucho
energía solar fotovoltaica	paneles que se instalan en los tejados

▶ Después de escuchar el audio

Vuelve a escuchar el audio y completa estas actividades.

I. Interpretive: Identificar ideas clave Completa la oración con la palabra o frase que mejor expresa lo que dice la entrevista.

1. La energía solar produce _____.

   a. petróleo   **b.** electricidad   **c.** vida

2. Los paneles solares que se instalan en las viviendas usan _____.

   a. energía concentrada   **b.** energía eléctrica   **c.** energía fotovoltaica

3. La energía solar se obtiene a partir de _____.

   a. la radiación solar   **b.** la propagación de ondas   **c.** los fotones de petróleo

4. El efecto fotovoltaico _____.

   a. distribuye calculadoras   **b.** libera electrones   **c.** lleva agua al desierto

5. A los materiales que producen electricidad se les llama _____.

   a. celdas fotovoltaicas   **b.** aparatos autónomos   **c.** lámparas de alumbrado

II. Interpretive: Identificar tecnologías Elige si los siguientes enunciados son ciertos o falsos. Escribe *C* o *F*.

1. La energía solar es un tipo de energía renovable. _____

2. Los teléfonos celulares son aparatos autónomos. _____

3. La fabricación de células solares no ha avanzado en los últimos años. _____

4. El potencial energético del desierto de Atacama puede ser mayor que el del petróleo de Arabia Saudita. _____

5. En los últimos años ha crecido la demanda de energías renovables. _____

6. En el desierto de Atacama se ha explotado la energía solar durante más de cien años. _____

III. Presentational: Describir Escriban un artículo corto de revista acerca de la energía solar y sus usos. Asegúrense de incluir los aspectos positivos y negativos de la energía solar y un ejemplo de sus aplicaciones. Incluyan detalles que apoyen su información.

_____

_____

_____

_____

_____

Video informativo de **Kidon.co** ▶

Los derechos de los niños

Aprende en qué consiste cada uno de los diez derechos que todos los niños del mundo tienen.

Para ver el video, ve a:
> *Auténtico* digital course
> Authentic Resources folder
> Capítulo 10

TEMA   *Derechos y deberes*
AP THEME *Los desafíos mundiales: El bienestar social*

¿Por qué el respeto a los derechos de los niños es importante para el bienestar social?

▶ Antes de ver el video

Usar conocimientos previos Piensa en todo lo que aprendiste en este capítulo sobre los derechos de los niños. Identifica el derecho que te pareció más importante y explica por qué te parece tan importante.

En mi opinión, el derecho más importante que tienen los niños es el derecho a
_____ *porque* _____

Vocabulario clave

el color de la piel	skin color
brinden amor	they provide love
derecho al auxilio	right to get help/assistance
la guerra	war

▶ Mientras ves el video

Estrategia para ver: Identificar ideas importantes Cuando ves un video con mucha información, es conveniente identificar las ideas principales en cada sección del video y anotar palabras y términos claves. De ese modo, podrás comprender mejor la información realmente importante y, al final, tener una buena noción del contenido del video.

◀ Todos los niños del mundo tienen los mismos derechos.

Identificar ideas importantes Mientras ves el video, identifica y anota unas pocas palabras claves sobre cada uno de los derechos de los niños.

1. Igualdad	**6. Amor**
2. Protección	**7. Educación**
3. Identidad	**8. Juego**
4. Integración	**9. Auxilio**
5. Salud	**10. Participación**

▶ Después de ver el video

Vuelve a ver el video y completa estas actividades.

I. Interpretive: Identificar ideas clave Completa el siguiente párrafo.

participación	cariño	juego	derechos	cuidarlos	oportunidades
salud	peligro	identidad	igualdad	salud	colegio

Hace muchos años varios adultos definieron los _____ de los niños. El derecho a

la _____ significa que todos los niños tienen los mismos derechos. El derecho a la

protección significa que los adultos deben _____. El derecho a la _____ significa

que tienen derecho a un nombre. El derecho a la integración garantiza que todos tengan las

mismas _____. El derecho a la _____ significa que tienen derecho a ir al médico.

El derecho al amor significa que sus padres deben darles _____. El derecho a la educación

les da el derecho de ir al _____. El derecho al _____ significa que tienen derecho

a divertirse. El derecho al auxilio significa que deben recibir ayuda si están en _____. Y el

derecho a la _____ les permite expresar su opinión.

II. Interpretive: Dar ejemplos El narrador da un ejemplo de un derecho y un ejemplo de un deber. Piensa en otros ejemplos de **derecho** y de **deber** y luego completa las siguientes frases.

*Un ejemplo de **derecho** es* _____.   *Un ejemplo de **deber** es* _____.

III. Presentational: Analizar Trabaja con un compañero. Basándose en la información del video, analicen por qué el respeto a los derechos de los niños es importante para el bienestar social. ¿En qué se beneficia la sociedad en general cuando se garantizan estos derechos?

Authentic Resources Workbook

Video persuasivo de **OIT San José**

Promover la igualdad entre mujeres y hombres en el trabajo

Escucha un interesante punto de vista sobre la importancia de que haya igualdad de género (*gender*) en el trabajo y los beneficios que esto trae.

> **Para ver el video, ve a:**
> > *Auténtico* digital course
> > Authentic Resources folder
> > Capítulo 10

TEMA   *Derechos y deberes*

AP THEME   *Los desafíos mundiales: El bienestar social*

¿De qué modo la igualdad en el trabajo puede ayudar a reducir la pobreza?

▶ Antes de ver el video

Anticipar Lee el título del video y la lista de vocabulario clave. Luego, observa la foto del video. Basándote en estas cosas, anticipa cuál es el propósito de este video. ¿Qué mensaje crees que quiere transmitir?

Según el título, la foto y el vocabulario clave, creo que este video va a transmitir el siguiente mensaje:

Vocabulario clave

cuestión	matter; issue	**remuneración**	salary
género	gender	**acoso sexual**	sexual harassment
viola derechos humanos	violate human rights	**despido**	layoff
desaprovecha	wastes	**bienestar**	wellbeing
la contratación	recruitment		

▶ Mientras ves el video

Estrategia para ver: Hacer preguntas Hay temas de importancia para la sociedad que son controversiales y generan muchas preguntas. Al ver un video sobre uno de estos temas, es útil hacerte preguntas sobre aspectos confusos o que te interesaría resolver con la información que te da el video. Al hacer las preguntas e irlas resolviendo mientras ves el video, podrás mantener tu interés y a la vez verificar que has entendido los conceptos que se presentan.

◀ La igualdad en el trabajo significa igualdad de oportunidades para hombres y mujeres.

Hacer preguntas Mientras ves el video, anota las preguntas y dudas que vayas teniendo. Escucha con atención los conceptos y puntos de vista que presentan los narradores para poder resolver cada duda. Usa la siguiente tabla para hacer tus anotaciones.

Mis preguntas y dudas	Las respuestas que encontré

▶ Después de ver el video

Vuelve a ver el video y completa estas actividades:

I. Interpretive: Identificar ideas clave Completa las siguientes frases con la palabra o palabras que exprese(n) mejor lo que dice el video.

1. Es necesario _____ la discriminación por razones de género.

   a. ignorar **b.** identificar **c.** combatir

2. Si se discrimina a la mujer en el trabajo, se le niegan (*deny*) sus _____.

   a. necesidades **b.** derechos **c.** deberes

3. La discriminación tiene consecuencias negativas para _____.

   a. la felicidad de la gente **b.** el futuro del mundo **c.** la sociedad en general

4. La igualdad en el trabajo impide que haya _____.

   a. acoso laboral y sexual **b.** peleas entre los trabajadores **c.** falta de comunicación

II. Interpretive: Inferir El video hace énfasis en que la igualdad en el trabajo *es una cuestión de principios*. Basándote en toda la información que presenta el video, ¿qué crees que quisieron decir los productores del video con ese concepto?

Creo que el concepto de "la igualdad en el trabajo es una cuestión de principios" significa que...

_____

_____

_____

III. Presentational: Sacar conclusiones El video dice que la igualdad en el trabajo puede ayudar a combatir la pobreza. Con un compañero(a), analicen cuáles pueden ser las bases para afirmar esto. ¿Por qué creen que si se combate la desigualdad entre hombres y mujeres puede haber más prosperidad en un país? Saquen sus conclusiones y preséntenlas a la clase.

Artículo de **Hacer familia** 📖

Tratar con cariño y respeto a los mayores

Lee este artículo que te hará recordar la importancia de tratar con respeto a las personas mayores.

Para leer el texto, ve a:
> *Auténtico* digital course
> Authentic Resources folder
> Capítulo 10

TEMA: *Derechos y deberes*
AP THEME: *Los desafíos mundiales: El bienestar social*

¿Qué relación hay entre el respeto a los mayores y la protección de los derechos humanos?

▶ Antes de leer el texto

Hacer conexiones ¿De qué maneras manifiestas respeto hacia tus abuelos y padres? Indica tres modos específicos en los que les demuestras respeto.

Les demuestro respeto a mis padres y abuelos al:

1. _____

2. _____

3. _____

Vocabulario clave

ambiente	atmosphere	**inutilidad**	uselessness
los mayores	elderly people	**poner mala cara**	make faces
vida conyugal	married life	**gestos despectivos**	disrespectful gestures
limitaciones ajenas	other people's limitations	**jugar a la consola**	play video games
marginadas	marginalized, ignored	**cabezonería**	stubborness
aportar	contribute	**un público entregado**	a willing audience
formación	education, learning	**ceder el sitio**	give up one's place

▶ Mientras lees el texto

Estrategia para leer: Identificar detalles importantes Una buena estrategia para leer un artículo es darle un vistazo general al texto *(skimming)* y luego hacer una lectura a fondo *(complete)*. El vistazo general consiste en leer el título y los subtítulos para identificar las ideas principales. La lectura detallada consiste en leer el artículo completo identificando detalles o ejemplos específicos sobre cada una de esas ideas principales.

Identificar detalles importantes Completa esta tabla mientras lees el texto. En la columna de la derecha, escribe algunas palabras que indiquen cuáles son los detalles más importantes en cada sección o subtítulo.

Subtítulo	Detalle importante
1. El respeto a los mayores	
2. Tratar con cariño a los mayores	
3. Ideas para educar en el respeto hacia los abuelos	
4. Consejos para tratar a las personas mayores con respeto	

▶ Después de leer el texto

Vuelve a leer el artículo y completa estas actividades.

I. Interpretive: Interpretar ideas clave Completa cada oración con los DOS grupos de palabras que reflejen mejor lo que dice el artículo.

1. El respeto es la base de _____ y de _____.

   a. la vida en comunidad   **b.** el éxito económico   **c.** las relaciones humanas

2. Las personas mayores nos pueden _____ y _____.

   a. enseñar muchas cosas   **b.** contar sus experiencias   **c.** ayudar en los quehaceres de la casa

3. Los niños no deben _____ ni _____ a los mayores.

   a. criticar   **b.** pedir consejo   **c.** hacer gestos impacientes

4. Dos maneras de mostrar respeto a los mayores son _____ y _____.

   a. ignorar sus comentarios   **b.** ayudarlos en lo que necesiten   **c.** tenerles paciencia

5. Los niños deben llamar a sus abuelos para _____ y _____.

   a. saber cómo están   **b.** contarles sus cosas   **c.** invitarlos a pasear

II. Interpersonal: Relacionar Con un compañero, comenten el artículo. Basándose en lo que dice el autor, ¿creen que ustedes respetan a todas las personas mayores? ¿Hay algo que pueden cambiar para ser más respetuosos?

Modelo
No siempre respeto a mis padres. Necesito ser más paciente en situaciones difíciles.

III. Presentational: Inferir Usa la información del capítulo y del artículo para inferir qué relación hay entre el respeto a las personas mayores y la protección de los derechos humanos. Comenta tus ideas con algunos compañeros. Luego, escribe un párrafo corto en el que expliques la conexión entre estos dos conceptos.

_____

_____

_____

_____

_____

_____

Credits

Capítulo 1
01: El Universal TV
03: Agencia EFE
05: America Mía

Capítulo 2
07: Agencia EFE
09: Agencia EFE
11: UNESCO

Capítulo 3
15: NBC Universal Media
17: NBC Universal Media

Capítulo 4
19: Agencia EFE
21: Selvv Magazine
23: 30K Coaching/María Sandra Rodríguez Burgos

Capítulo 5
25: Contáctica
27: Grupo Educare
29: Inter-American Development Bank

Capítulo 6
31: El Universal TV
35: Agencia EFE

Capítulo 7
37: Agencia EFE
39: El Universal TV
41: BBC

Capítulo 8
43: Corporación de Radio y Televisión Española, SA

Capítulo 9
49: BBC
51: UNESCO

Capítulo 10
55: Kidon SAS
57: OTI San José